El matrimonio
que *siempre* ha deseado

El matrimonio
que *siempre* ha deseado

Dr. Gary Chapman

PORTAVOZ

Título del original: *Dr. Gary Chapman on the Marriage You've Always Wanted*, © 2005 por Gary Chapman y publicado por Moody Publishers, Chicago, Illinois 60610-3284.

Edición en castellano: *El matrimonio que siempre ha deseado*, © 2006 por Gary Chapman y publicado por Editorial Portavoz, filial de Kregel Publications, Grand Rapids, Michigan 49501. Todos los derechos reservados.

A menos que se indique lo contrario, todas las citas bíblicas han sido tomadas de la versión Reina-Valera 1960, © Sociedades Bíblicas Unidas. Todos los derechos reservados.

EDITORIAL PORTAVOZ
P.O. Box 2607
Grand Rapids, Michigan 49501 USA

Visítenos en: www.portavoz.com

ISBN 978-0-8254-0504-4

1 2 3 4 5 edición / año 13 12 11 10 09

Impreso en los Estados Unidos de América
Printed in the United States of America

Dedicado a Karolyn

Contenido

Agradecimientos. 9

Introducción. 11

1. ¿Por qué se casan las personas?. .13

2. "¿Por qué no cambian?". 19

3. El verdadero significado del amor 37

4. "¡Escúchame!" 53

5. ¿Quién se encarga de cada cosa? .71

6. Decisiones, decisiones 85

7. "¿Quiere decir que el sexo requiere esfuerzo?" 99

8. Dejar y honrar a los padres. 115

9. El amor y el dinero. 127

Epílogo 143

Notas. 145

Recursos 147

Agradecimientos

ME ENCUENTRO EN DEUDA CON las tantas parejas que me permitieron entrar en la privacidad de sus vidas y sondear en aras de un mejor entendimiento y mejores formas de relacionarnos. En sesiones privadas y en reuniones en pequeños grupos, muchos han escuchado las ideas que aquí se exponen y han dado sugerencias muy prácticas, muchas de las cuales han terminado formando parte de la estructura de este ejemplar. Utilicé sus historias pero cambié sus nombres con el objetivo de proteger su privacidad.

Agradezco a Tricia Kube, mi auxiliar administrativa, por su ayuda, no solo a la hora de preparar gran parte del manuscrito, sino por llevar a cabo las tareas de la oficina, lo que me permitió más tiempo para pensar y escribir. Betsey Newenhuyse, de Moody Publishers, merece gran mérito por pasar el texto original por el tamiz, dejando la mejor parte y solicitándome material nuevo cuando era necesario. Realizó un excelente trabajo al mezclar lo original y lo nuevo.

Sería injusto no mencionar a aquellos que hace tantos años me ayudaron con el texto original, *Toward a Growing Marriage* [Hacia un matrimonio mejor]: Melinda Powell, Ellie Shaw, Karen Dresser, Doris Manuel y mi esposa, Karolyn. Todos trabajaron sin recibir remuneración alguna ayudando a un joven terapeuta a organizar sus pensamientos y convertirlos en lo que sería una muy útil herramienta para cientos de parejas. A todos ellos, mi más profundo agradecimiento.

Los equipos editoriales y administrativos de Moody Publishers realizaron un excelente trabajo al dar formato, embalar y producir este libro. Los considero parte de mi familia. Mi agradecimiento al equipo de redactores de Editorial Portavoz que hizo posible este texto en castellano.

Introducción

LAS ESTADÍSTICAS son aleccionadoras.

Según el investigador cristiano George Barna, el 35 por ciento de los que él llama cristiano "convertido", aquellos que han aceptado a Jesucristo con su Salvador y Señor, han experimentado el divorcio. Peor, ¡el 23 por ciento, así la cuarta parte, se ha divorciado más de una vez! "Pero" —diría usted— "con seguridad los cristianos se divorcian menos que los no creyentes". No es así, dice Barna: las cifras son idénticas. Treinta y cinco por ciento para "nosotros", 35 por ciento para "ellos".[1]

Desde los nacidos después de la Segunda Guerra Mundial, las generaciones jóvenes tienen muchas más probabilidades de divorciarse que sus mayores. Algunos estiman que la mitad de todas las parejas que se casan hoy se separarán algún día. Y otras miles de parejas que aman y siguen a Jesús viven juntos algo mucho menor que la "vida de abundancia" que Él prometió.

Queda claro que ser cristianos y estar enamorados no es suficiente para que un matrimonio tenga éxito. Durante mis años de terapia, he visto a muchas parejas ir desde: "¡Todo es perfecto!" a "No lo(a) soporto". ¿Cómo pueden las esperanzas de una pareja caer en picada

11

de la altura del monte Everest a las profundidades del lecho oceánico, a veces en cuestión de meses?

Es una lección muy vieja pero una lección que toda generación tiene que reaprender: La felicidad matrimonial no es automática.

Pero que bueno que Dios no nos ha dejado desamparados. En la Biblia, Él nos dice cómo vivir. En Jesús, Él nos mostró cómo vivir. Y los esposos y las esposas, sin importar si son recién casados o veteranos en el matrimonio, pueden aprender de esta sabiduría. Es profunda y el tiempo ha demostrado su efectividad. Las miles de parejas a las que hablo, doy terapia y escucho dan fe del valor de estas reflexiones basadas en la Biblia. Dicho de manera sencilla: Funcionan.

Claro, la mera exposición de la verdad es muy poco fructífera. Es la aplicación práctica de esa verdad lo que produce frutos. En otras palabras, no solo lea este libro, asienta y diga: "Dr. Chapman, ¡usted tiene razón!" Los insto a ambos, esposa y esposo, a completar la sugerencia "Su turno" para reflexionar al final de cada capítulo. Mientras lea, reflexione y analice las ideas que aquí se presentan, hágalo con devoción y esperanza, confiando su matrimonio nuevamente al Dios que creó el matrimonio y que se preocupa por tu matrimonio en particular.

—DR. GARY CHAPMAN

¿Por qué se casan las personas?

ANTES DE AVENTURARNOS a realizar un análisis acerca de cómo hacer que un matrimonio funcione, tal vez debamos detenernos a preguntarnos: "¿Cuál es el propósito del matrimonio?" ¿Qué intentamos alcanzar en el matrimonio?

Si le hiciera esas dos preguntas a una decena de amigos y les pidiera que escribieran sus respuestas de manera privada, ¿cuántas respuestas distintas cree usted que recibiría? He aquí algunas de las respuestas que recibido tanto de solteros como de casados:

- Sexo
- Compañía
- Amor
- Dar un hogar a los hijos
- Aceptación social
- Ventaja económica
- Seguridad

Los actuales debates a nivel nacional acerca del significado del matrimonio han tenido muy presentes dichas preguntas. Algunos proclaman: "¡Pero se puede tener todas esas cosas sin casarse!" No hay que estar casado para tener relaciones sexuales, nuestra sociedad lo decidió hace décadas. En una era en que la mitad de las casas están ocupadas por personas solteras, según el último censo, estar casados no es garantía de aceptación social o ventaja económica. La unión consensual está en alza. ¿Y qué del amor, la seguridad, la compañía y el hogar para los hijos? ¿No se pueden lograr sin casarse? Entonces, ¿para qué casarnos?

Para dar respuesta a estas preguntas, necesitamos mirar con los ojos de la fe, buscar en la sabiduría de Dios. En la Biblia, observamos una imagen completamente distinta. Comencemos por Génesis, el primer libro de la Biblia, donde aparece la historia de la creación y que refleja que la idea que Dios tiene del matrimonio es la unión de dos vidas en la manera más profunda posible, llegando al punto de ser una sola unidad que satisfará a los individuos involucrados y servirá a los propósitos de Dios en la manera más sublime posible.

Compañía y compromiso

El corazón de la humanidad clama por compañía. Somos criaturas sociales. Dios mismo dijo de Adán: "No es bueno que el hombre esté solo" (Gn. 2:18). Le recuerdo que este análisis fue realizado antes de la caída de la humanidad y que dicho hombre contaba con la comunión cordial y personal de Dios. Sin embargo Dios dijo: "¡No es suficiente!"

La respuesta de Dios a la necesidad del hombre fue crear a la mujer (Gn. 2:18). La palabra en hebreo que aquí se utiliza significa literalmente "cara a cara". Es decir, Dios creó un ser con el cual el hombre pudiera tener una relación cara a cara. Ello supone ese tipo de relación personal en la que ambos están unidos en una unión irrompible que satisface las más profundas añoranzas del corazón humano. El matrimonio fue la respuesta de Dios a la más profunda necesidad de la humanidad, la unión de nuestra vida con otra.

Dicha unidad debe abarcar toda la vida. No es sencillamente una relación física. Tampoco es simplemente el dar y recibir apoyo emocional. Es, más bien, la unión plena de dos vidas con respecto de lo intelectual, lo social, lo espiritual, lo emocional y lo físico.

Este tipo de unión no puede venir sin el compromiso profundo e imperecedero que Dios desea que acompañe al matrimonio. El matrimonio no es un contrato para hacer aceptables las relaciones sexuales. No es meramente una institución social que provee cuidados a los hijos. Es más que una clínica psicológica donde conseguimos el apoyo emocional que necesitamos. Es más que un medio para ganar estatus social o seguridad económica. El propósito supremo del matrimonio no se alcanza siquiera cuando es un vehículo para el amor y la compañía, por muy valiosas que sean.

El propósito supremo del matrimonio es la unión de dos individuos al nivel más profundo posible en todas las áreas, lo que a su vez lleva a la pareja al mayor de los sentimientos de realización, al tiempo que sirven mucho mejor a los propósitos de Dios para sus vidas.

¿Qué significa ser "uno"?

Como es obvio, el simple hecho de casarse no garantiza la unidad. Existe una diferencia entre "estar unidos" y "unidad". Como solía decir el viejo predicador: "Cuando se atan las colas de dos gatos y se les cuelga en una cerca, se les ha unido, pero la unidad es una cosa completamente diferente".

Tal vez el mejor ejemplo bíblico que tenemos de este tipo de unidad es Dios mismo. Resulta interesante que la palabra que se emplea en Génesis 2:24 para "una", donde Dios dice: "Por tanto, dejará el hombre a su padre y a su madre, y se unirá a su mujer, y serán *una* sola carne" (cursivas añadidas), es la misma palabra en hebreo empleada por Dios mismo en Deuteronomio 6:4, que dice: "Oye, Israel: Jehová nuestro Dios, Jehová *uno* es" (cursivas añadidas).

La palabra "uno" se refiera a unidad compuesta, que es contraria a la unidad absoluta. Las Escrituras revelan que Dios es Padre, Hijo y Espíritu pero es uno. No tenemos tres Dioses, sino un solo Dios, trino

15

por naturaleza. Hay muchas figuras de la Trinidad, y todas fallan en algún punto pero permítanme hacer uso de una de las más comunes para ejemplificar una de las implicaciones de dicha unidad.

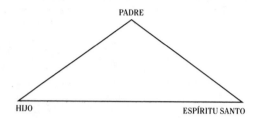

El triángulo puede colocarse por cualquiera de sus lados y los nombres de Padre, Hijo y Espíritu pueden cambiarse a cualquier posición. No habrá diferencia alguna porque Dios es uno solo. Lo que no podemos hacer es borrar uno de los lados o quitar uno de los títulos. Todos deben estar unidos. Dios es una trinidad y Dios es uno. Esta afirmación no la podemos comprender completamente pero sí debemos referirnos a Dios de esa manera porque esa es la manera es que Él se reveló a sí mismo. No podríamos saber que Dios es una trinidad a menos que Dios se nos hubiera revelado como una trinidad. No sabríamos que la Trinidad es una unidad si no fuera porque Dios nos lo ha revelado así.

Dios es unidad. Por otra parte, Dios es diversidad. No podemos decir con seguridad que no hay distinciones entre la Trinidad. Hablando con propiedad, el Espíritu Santo no murió en la cruz por nosotros. Esa fue obra del Hijo. Como creyentes, el Padre no habita en nosotros, sino el Espíritu. Los miembros de la trinidad sí cumplen funciones diferentes, sin embargo son uno. Es inconcebible pensar que los miembros de la Trinidad operarían jamás como entidades separadas. Desde Génesis 1:26, donde Dios dijo: "Hagamos [*nosotros*] al hombre a *nuestra* imagen" (cursivas añadidas) hasta Apocalipsis 22:16-21, vemos a la Trinidad actuando juntos, una unidad compuesta.

¿Qué implicaciones tiene dicha unidad divina para nuestro matrimonio? He aquí un segundo triángulo:

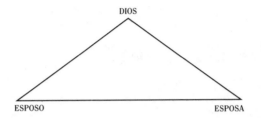

Esta vez el triángulo no se puede voltear para que descanse en otro de sus lados. Dios debe permanecer en el vértice de un matrimonio cristiano. Sin embargo, podemos intercambiar de lugar al esposo y a la esposa, ya que se supone que ellos sean uno.

En nuestra era individualista, "unidad" no es un concepto preciado. No obstante, la unidad matrimonial no es el tipo de unidad que erradica la personalidad. Es más bien el tipo de unidad que te libera para expresar tu propia diversidad y a la vez experimentar una completa unidad con tu cónyuge. Eres libre para ser todo lo que Dios quiere que seas, a la vez que experimentas todo lo abarca la intención de Dios al unirte en matrimonio. Ninguna verdad podría ser tan liberadora y satisfactoria.

Ya sea que comienzan su nueva vida como esposo y esposa, o llevan mucho de casados arreglándoselas de reto en reto, espero que tenga en mente, de manera clara, el objetivo del matrimonio, unidad al nivel más profundo posible en todas las áreas de la vida. Tal vez para usted ello es solamente un sueño pero si está dispuesto a esforzarse al respecto, puede volverse realidad. ¿Puede imaginarse cómo sería contar con un cierto grado de unidad intelectual? ¿Unidad social? ¿Unidad espiritual? ¿Unidad física? No se rinda. Puede que se encuentre al borde de un nuevo descubrimiento.

"Pero a mi cónyuge no le interesa esforzarse conmigo" dice usted. "Yo solo no puedo hacerlo todo". Cierto pero hay algo que sí puede hacer solo. Y ese algo puede ser utilizado por Dios para estimular un cambio en su pareja. Creo que el principio que se analiza en el siguiente capítulo es el principio número uno para la felicidad matrimonial y la buena salud. Lea con cuidado, piense con claridad y no olvide los ejercicios al final de cada capítulo.

AHORA LE CORRESPONDE A USTED

1. *Observe su matrimonio. Tenemos que identificar las deficiencias antes de iniciar las mejoras. En una hoja aparte, haga cuatro columnas paralelas con los siguientes encabezamientos:*

   Intelectual   Social   Físico   Espiritual

   Bajo cada uno de los encabezamientos, haga una lista de las características que piense que comparte con su cónyuge. ¿En cuál área es más débil su unidad? ¿Qué puede hacer para estimular avances en dicha área? ¿Qué hará?

2. *Sugiera a su pareja que lea el capítulo, que haga una lista similar y que responda las preguntas anteriores. Cuando ambos se sientan bien y abiertos a las mejoras, hablen de sus resultados y acuerden que pasos aumentarían su unidad. Concéntrense en una sola área a la vez.*

CAPÍTULO

"¿Por qué no cambian?"

NORA ENTRÓ EN MI OFICINA sonriendo. Después de saludarnos, le pregunté:

—¿Qué tienes en mente para hoy? —entonces su sonrisa desapareció y rompió a llorar.

—No sé —dijo—. Son tantas cosas. A veces me siento abrumada. Es a causa de mi matrimonio. Al parecer, Roberto y yo no nos entendemos. Nos pasamos todo el tiempo discutiendo. Hay días en lo que quisiera es dejarlo.

—¿Por qué cosas discuten? —le pregunté.

—Por muchas cosas —dijo—: No creo que Roberto esté dispuesto a llegar a un arreglo conmigo. Casi no me ayuda con los niños y en la casa prácticamente no hace nada. Dice que su trabajo le lleva todas las energías pero yo también me paso el día trabajando. Los sábados, me dice que tiene que jugar golf para recuperarse de la semana. Bueno, tal vez yo también deba hacer algo pero no puedo. Alguien tiene que cuidar a los niños y limpiar la casa. Si él me ayudara, tal vez ambos tendríamos algún tiempo libre.

Dos semanas después tuve la oportunidad de conversar con Roberto.

—¿Cuáles dirías tú que son los problemas en tu relación con Nora? —le pregunté.

—Ella es muy exigente —dijo—. Cuando nos casamos, pensé que me libraría de mi madre pero ella es peor que mi madre. Lo que hago nunca le parece suficiente. Si paso la aspiradora al piso, entonces quiere saber por qué razón no doblé la ropa. En su opinión, yo soy un esposo que no sirve para nada, así que prácticamente dejé de esforzarme.

"Además de todo eso —dijo—, casi no tenemos intimidad".

—¿Te refieres al sexo? —le pregunté.

—Sí —me dijo—. Desde que tuvimos a los niños, tal vez lo hagamos dos veces al año. Yo, sencillamente, no creo que los matrimonios deban ser así, pero todo parece indicar que no puedo hacérselo entender.

Nora y Roberto tienen serios problemas en su relación. Pero cada uno de ellos describe el problema basado en el comportamiento de su cónyuge. Cada uno de ellos cree que si su pareja cambiara, tendrían un buen matrimonio.

Ambos dicen, en esencia, lo mismo: "Mi problema es mi esposo(a). En esencia, yo soy una buena persona pero mi pareja me ha convertido en un amargado(a)".

El patrón es siempre el mismo. Dirigimos nuestros sentimientos contra nuestros cónyuges, describimos nuestros problemas desde el punto de vista de los errores de nuestro cónyuge.

Cuando doy terapia a las parejas, usualmente les doy lápiz y papel y les pido que escriban las cosas que les desagradan de sus parejas. Usted debiera ver las listas. Algunos tienen que pedir más papel. Escriben de manera frenética y libre. Entonces, un rato después, les pido que mencionen lo que ellos piensan que sean sus deficiencias. Sus reacciones son divertidas. Por lo general, en ese instante mencionan una deficiencia y la anotan. Después tienen que esforzarse para poder anotar una segunda. Algunos nunca dan con ella. ¿No le parece asombroso? Yo solo tengo un pequeño defecto (a lo sumo tres o cuatro) pero mi pareja tiene decenas de ellos.

Encontrar el defecto, en usted mismo

Si mi cónyuge se arreglara, tendríamos un matrimonio feliz, razonamos. Por ello fastidiamos, alborotamos, exigimos, gritamos, nos retraemos, nos desesperamos, todo en vano.

Mi cónyuge no cambia y por lo tanto, estoy destinado a sufrir. ¡No lo crea! *Su matrimonio puede mejorar y el mejoramiento puede comenzar hoy mismo, no importa la actitud de su cónyuge.*

Existe una estrategia para el mejoramiento, dicha por Jesús y registrada en Mateo 7:1–5. En la siguiente cita, sustituí la palabra "hermano" por la palabra "cónyuge" para poder apreciar el funcionamiento del principio en el matrimonio.

> No juzguéis, para que no seáis juzgados. Porque con el juicio con que juzgáis, seréis juzgados, y con la medida con que medís, os será medido. ¿Y por qué miras la paja que está en el ojo de tu cónyuge, y no echas de ver la viga que está en tu propio ojo? ¿O cómo dirás a tu cónyuge: Déjame sacar la paja de tu ojo, y he aquí la viga en el ojo tuyo? ¡Hipócrita! saca primero la viga de tu propio ojo, y entonces verás bien para sacar la paja del ojo de tu cónyuge.

Ahora, por favor, no me malentiendan. No estoy llamando hipócrita a nadie. Sencillamente estoy citando un principio que nos enseñó Jesús. Jesús dice que si uno intenta mejorar su matrimonio por medio de hacer que su esposo cambie (trabajar arduamente para extraer la partícula de su ojo), se están malgastando las energías

La primera pregunta que debemos formularnos cuando nos encontremos en medio de una tormenta matrimonial es: "¿Qué pasa conmigo? ¿Cuáles son mis defectos?"

en el lugar equivocado. El lugar por el que hay que comenzar son nuestros propios defectos (la viga en nuestro ojo).

No sugiero que su pareja no tenga deficiencias o defectos. Me refiero a que lo primero que debemos hacer no es lidiar con los defectos de la pareja. La primera pregunta que debemos formularnos cuando nos encontremos en medio de una tormenta matrimonial es: "¿Qué pasa *conmigo*? ¿Cuáles son mis defectos?"

Este enfoque puede parecerle extraño, después de todo, su pareja representa el 95 por ciento del problema, ¿no? Usted no es perfecto pero su defecto es insignificante. Ciertamente no representa más del 5 por ciento. Asumamos que es cierto, aunque los por cientos pueden cambiar cuando comience a reflexionar. Aun si usted es solo el 5 por ciento del problema, la clave para el mejoramiento está en usted. Jesús dijo: "saca primero la viga de tu ojo".

¿Cuáles son los pasos para lograrlo? ¿Cómo hacer para extraer una "viga" de nuestro propio ojo? Le sugiero que se quede a solas con Dios, preferiblemente en algún lugar donde pueda hablar en voz alta. (Si en verdad siente una fuerte hostilidad contra su cónyuge, podría hacer una lista de sus defectos de antemano. Ello puede ayudarle a liberar psicológicamente su mente para que pueda lidiar con sus propios defectos.)

Hacer una lista

Ahora, a solas con Dios, sencillamente pregúntele: "Señor, ¿qué pasa *conmigo*? ¿Cuáles son mis defectos? ¿Cuáles son mis pecados? Sé que mi pareja tiene muchos, ya hice una lista de ellos pero en este momento lo que quiero saber es: ¿Cuáles son mis pecados?" Tenga lápiz y papel listos porque Dios dará respuesta a su plegaria. Haga una lista de sus pecados.

Puede que se encuentre con el pecado de amargura, que se condena en Efesios 4:31: "Quítense de vosotros toda amargura, enojo, ira, gritería y maledicencia, y toda malicia". Ciertamente su pareja puede haber desencadenado su actitud negativa pero fue solo usted quién permitió que creciera la amargura. Nunca es bueno sentir amargura para con una criatura de Dios.

Puede encontrarse con el pecado de crueldad, que representa una violación al mandamiento de Efesios 4:32: "Antes sed benignos unos con otros, misericordiosos, perdonándoos unos a otros, como Dios también os perdonó a vosotros en Cristo". "Pero mi cónyuge no me estimula a ser benigno", razona usted. Cierto pero *ustedes* son los únicos que pueden decidir entre ser benignos o no. Está mal que un cristiano no sea benigno.

Puede que descubra falta de amor hacia su cónyuge. Ello lo analizaremos más adelante, en el capítulo 3 pero permítame decir aquí que el amor descrito en 1 Corintios 13 es un acto, una actitud, más que una emoción. "El amor es paciente... benévolo... nunca alardea, no es engreído, no es grosero; nunca es egoísta ni se ofende con facilidad. El amor no lleva la cuenta de las malas acciones" (vv. 4-5). Si usted fracasa en expresarle amor a su cónyuge, ha cometido un pecado.

El Espíritu Santo puede que le haga pensar en muchos pecados. Anótelos uno a uno hasta que no se le ocurra ninguno otro. Abra entonces su Biblia y lea 1 Juan 1:9: "Si confesamos nuestros pecados, él es fiel y justo para perdonar nuestros pecados, y limpiarnos de toda maldad". Al hacer la lista, usted confiesa en verdad sus pecados, ya que estuvo de acuerdo con Dios en que dichas cosas eran agravios presentes en su vida.

Aceptar el perdón de Dios

Le sugiero, sin embargo, que revise nuevamente la lista y vuelva a acordar con Dios en que son agravios y al mismo tiempo, agradézcale por la muerte de Cristo en la cruz y por consiguiente, agradezca su perdón. Con sus palabras, estará diciendo: "Padre, esto no está bien, está muy mal. ¿Cómo pude ser tan tonto? Pero quiero agradecerte por la cruz, que Cristo haya pagado por este pecado y que pueda ser perdonado. Gracias, Padre, por tu perdón".

Revise toda la lista y acepte el perdón de Dios por cada error pasado. Dios no quiere que vivamos con la carga emocional de los errores pasados. Podemos ser perdonados.

Una conciencia tranquila

Después de aceptar el perdón de Dios, hay que dar un segundo paso en dirección al mejoramiento: Un matrimonio que honra a Dios. El apóstol Pablo lo plasma en Hechos 24:16 como uno de los principios esenciales de su vida: "Y por esto procuro tener siempre una conciencia sin ofensa ante Dios y ante los hombres".

Creo que en este planteamiento percibimos el más importante principio de la salud mental y por consiguiente, de la salud matrimonial. Pablo no nos dice que nunca hizo nada malo, más bien nos dice que sí actuó mal y que también limpió su conciencia, primero ante Dios y después ante los hombres. Limpiamos nuestra conciencia ante Dios cuando le confesamos nuestros pecados. Limpiamos nuestra conciencia ante nuestro cónyuge cuando vamos ante ella y le confesamos nuestros defectos.

"¿Y si mi cónyuge no está dispuesto a perdonarme?" Ese es problema de él, no suyo. Su responsabilidad es admitir el agravio que lleva consigo y pedir perdón. La reacción de su cónyuge no es responsabilidad suya. Usted ya hizo lo que podía hacer al lidiar con sus agravios. Usted no ha hecho todo lo que está a su alcance hasta que no haya lidiado con sus propias ofensas. Verá, usted no puede confesar los pecados de su cónyuge pero sí puede lidiar con su 5 por ciento.

Le puede decir a él o ella con sus propias palabras, después de una buena comida: "Cariño (o como prefiera llamarle), Dios trató conmigo hoy y me di cuenta de que he hecho muchas cosas mal. Le confesé todos mis agravios a Dios y quiero pedirte perdón. He sido muy egoísta al exigirte _____. No he sido benévolo con respecto de _____. He fracasado en satisfacer tus necesidades en cuanto a _____. Y quiero preguntarte: ¿Me perdonas?" Sea tan específico con su pareja como lo fue con Dios. Déle la oportunidad de responder.

¿Qué pasará cuando lo haga? Puede ser el amanecer de un nuevo día. Por otra parte, su cónyuge puede que diga: "Ah, sí, ya eso lo escuché antes y no te creo". Lo que usted haga en este momento determinará si tendrá otra confesión con Dios o si continuará con el mejoramiento de su matrimonio. Si estalla en lágrimas, palabras o de otra forma, tendrá que retirarse y pedir nuevamente perdón a Dios a causa de otro error.

Puede responder: "Entiendo lo que sientes. Sé que me he confesado anteriormente y sé que he fracasado muchas veces en ser lo que quiero ser. Entiendo que te cueste trabajo creer que las cosas serán diferentes esta vez".

No haga promesas apresuradas acerca del futuro. En este momento, usted se está enfrentando a su pasado. Selle su confesión con un abrazo y un beso si su cónyuge lo acepta. Sonría incluso si le rechazan.

¡Derrumbe el muro!

No se preocupe por la reacción de su cónyuge ante su confesión. No piense que caerá de rodillas y confesará sus propios agravios. Puede que lo haga y si lo hace, ¡grandioso! Tendrá una noche de ternura. Pero los sentimientos negativos puede que no capitulen tan fácil. El orgullo personal se yergue como un obstáculo ante todos nosotros. Deje que pase el tiempo y Dios obre sobre su pareja. Cuando usted haya confesado sus agravios y haya vaciado su conciencia ante Dios y su cónyuge, habrá hecho la cosa más grandiosa que podía haber hecho por su pareja. Puede que reaccione de manera similar pero usted le habrá facilitado las cosas para que admita sus agravios.

No podemos manipular a las personas. Todos tenemos libre albedrío. Podemos escoger si somos resentidos, hirientes y malvados, incluso ante una confesión. Pero su matrimonio mejorará *incluso si su cónyuge nunca confiesa sus agravios,* porque ahora usted es libre de convertirse en un estímulo positivo para el bien de su relación. Usted es libre ahora de convertirse en parte de la solución en vez de parte del problema.

Muchas parejas se encuentran en un punto muerto porque han permitido que un muro se levante entre ellos. Los muros siempre se levantan poniendo un bloque tras otro. Uno de los miembros falla en un determinado asunto. Puede ser algo tan insignificante como olvidarse de botar la basura o tan trascendental como fracasar al satisfacer sexualmente a la pareja. En vez de lidiar con dicho fracaso, lo ignoramos. Nos planteamos excusas: "Después de todo, ¿qué más quiere? ¡Yo hago lo que me corresponde! ¿Por qué no piensa ella en lo que yo necesito?"

Por la razón que sea, se ignora un fracaso tras otro hasta que un muro largo, alto y ancho surge entre dos personas que comenzaron "enamorados". La comunicación se hace nula y solo nos queda el resentimiento.

¿Cómo se echa abajo un muro así? Destruyendo los bloques de defectos, uno a uno. Al reconocer nuestros defectos de manera tan específica como sea posible, destruimos el crecimiento de la barrera. Hay que dar por sentado que el muro debe echarse abajo desde ambos lados si se quiere que la relación sea ideal pero si usted echa abajo su lado, facilita a su cónyuge el comienzo de la demolición. Si ambos están dispuestos a echar abajo el muro de separación, pueden construir a partir de los escombros una hermosa relación.

Una vez que el muro se destruye por medio de la confesión y el perdón, debemos poner en práctica la inmediata confesión de los fallos subsiguientes. Nunca debemos dejar que el muro se vuelva a levantar. La confesión uno al otro debe formar parte de nuestro estilo de vida.

Un pequeño muro se levanta...

Las mañanas son agitadas en muchos hogares, una hora a la que los temperamentos pueden estallar. Mi esposa, Karolyn, y yo una vez pasamos por una de esas mañanas. Intentábamos mandar a los niños a la escuela y yo tenía que irme a trabajar.

—Karolyn, ¿dónde está mi portafolio? —le dije a mi esposa.

—No sé —respondió ella.

—Por favor —le respondí en un volumen más alto—, Karolyn, estoy apurado. ¿Dónde está mi portafolio? Anoche lo puse ahí y ahora no está. ¿Dónde lo pusiste?

—Gary, ¡no sé dónde está tu portafolio!

Tuvimos como dos "asaltos" más de lo mismo, aunque a un

volumen más alto. Para entonces ya me encontraba muy molesto. Era obvio que ella había cambiado el portafolio de lugar pero no le preocupaba lo suficiente como para tomarse el trabajo de pensar dónde lo había puesto. Iracundo, saqué a los niños con prisa de la casa y los llevé corriendo a la escuela. Les hablé con mucha dulzura acerca de la escuela pero después que los dejé, volví a ponerme furioso con Karolyn por haber cambiado mi portafolio de lugar.

Me pasé los casi quince kilómetros que van de la escuela de los niños a mi oficina echando chispas: "¿Cómo fue que me casé con tal cabeza de chorlito? Mi portafolio es algo importante. De hecho, no puedo trabajar sin él. ¿Qué me voy a hacer hoy?"

Esa pregunta tuvo su respuesta en cuanto entré a la oficina. Allí estaba mi portafolio, justo allí lo había dejado el día antes.

En ese momento tenía varias opciones. Podía haber olvidado el asunto y prometerme a mí mismo que nunca dejaría que Karolyn se enterara dónde había encontrado mi portafolio y esperar que nunca me lo preguntara. Podría hacerle ver que mi reacción para con ella fue causa de la fatiga, la distracción, la falta de ejercicio, cualquier excusa serviría. O podría poner en práctica lo que predico, es decir: Mirar la viga, confesar mi pecado y pedir perdón.

Un muro se viene abajo

Entonces me volví a Dios y le dije: "Ay, Dios, ¿cómo pude ser tan tonto? Perdóname por la forma tan horrenda en que traté a Karolyn, por la falta de amor, por las palabras duras, críticas y acusadoras, por el espíritu amargado. Gracias, Padre, por la cruz. Gracias porque el castigo ya ha sido pagado. Gracias por el perdón". Mi conciencia se vació ante Dios.

Después vino la llamada.

—Karolyn, yo... eh... yo... este... encontré el portafolio.

—Anjá —dijo.

—Estaba aquí en la oficina —continué titubeante—. Lamento mucho la forma en que te hablé, fue horrible. No debí hacerlo, y quería pedirte algo: ¿Me perdonas?

¿Sabe lo que me dijo?: "¡Me imaginé que llamarías!"

Ella sabía que yo llamaría porque ambos nos hemos dedicado a impedir que el muro se vuelva alto y grueso. Ella sabía que yo no dejaría sin resolver un asunto así. La vida es muy corta para permitir que muros altos y pesados se levanten. ¿Por qué desperdiciar nuestra vida? El muro nunca se erigirá si usted se enfrenta a cada situación en el momento en que ocurre.

Tal vez se esté diciendo a sí mismo: "Alzar la voz a causa de un portafolio es algo de poco significado. Mis fracasos caen en una categoría completamente diferente". Recuerdo el esposo que después de escuchar mi conferencia "Saca la viga de tu propio ojo", me dijo: "Nunca pensé que algo así me pudiera pasar a mí. Mi esposa y yo tenemos un matrimonio bastante bueno. Siempre nos hemos sentido orgullosos de ser devotos el uno del otro. Pero hace seis meses, una mujer que comenzó a trabajar en nuestra compañía me hizo sentir algo que desde hacía mucho no sentía. Para serle sincero, era emocionante".

El muro secreto de Jared

"Comenzamos por salir a almorzar juntos y nos era muy fácil hablar el uno con el otro. Era casi como si nos hubiéramos conocido toda la vida. Sabía que no debía alimentar esa relación pero me hacía sentir satisfecho. Ella también estaba casada y un día recibí una llamada telefónica de su esposo diciéndome que él sabía acerca de mi relación con su esposa y que si no terminaba con ella inmediatamente, él llamaría a mi esposa y se lo contaría todo. Me sentí aterrado. Me pasé la tarde pensando en qué le ocurriría a mi matrimonio y a mis hijos. A pesar de que no manteníamos relaciones sexuales, sí sabía que nuestra relación había llegado demasiado lejos".

Jared estaba igualmente preocupado acerca del muro que se estaba levantando entre él y su esposa. Ella no tenía conocimiento de la relación pero después que la tensión aumentó, Jared reconoció que: "Mi 'secreto' se había convertido definitivamente en una barrera entre mi esposa y yo". Él prestaba más atención a las cosas que ella hacía que le molestaban. Después me confesó que durante varios meses había considerado la idea de que tal vez la vida fuera mejor al lado de otra persona. "Sabía que Satanás me conducía por un camino que deshonraría a Cristo.

"Esa tarde, camino a casa, me detuve en un parque de la vecindad y vacié mi corazón ante Dios por medio de la confesión de mi mala acción. No recuerdo otra vez en que haya llorado tanto. Sabía que Dios estaba dispuesto a perdonarme pero me constaba trabajo creer que le había permitido a Satanás llevarme tan lejos por el camino equivocado".

Jared tenía que hacer más, por supuesto. Esa noche, en casa, le confesó todo a su esposa. Le dijo que la amaba y lo arrepentido que estaba por haberse permitido haber salido a almorzar con otra mujer. Su intención era la de romper la relación al día siguiente "a toda costa".

"Esperé que me perdonara y que fuéramos capaces de reconstruir nuestro matrimonio. Ella lloró y yo lloré. Supongo que hacía mucho que ninguno de los dos se sentía tan dolido. Ella me dijo que quería perdonarme, pero que necesitaba algún tiempo para ordenar sus sentimientos".

Al otro día le pidió a la otra mujer que fuera a su oficina, donde dijo que el tiempo que pasó con ella y su comportamiento no habían estado bien. Asumió toda la responsabilidad: "Por dejarme a mí mismo hacer algo que sabía iba por el camino equivocado. Le pedí que me perdonara por mis acciones tan inapropiadas y le dije que esperaba que ella y su esposo arreglaran su matrimonio".

Jared le dijo que quería llamar a su esposo y disculparse con él. "Ella me dio su número al salir de la oficina. Lo llamé y me disculpé con él por haberme propasado. Le aseguré que no habíamos tenido relaciones sexuales, pero que sí sabía que pasar tanto tiempo juntos estaba mal. Le dije que se lo había confesado a mi esposa y que le había pedido que me perdonara y que esperaba que me diera una oportunidad para salvar nuestro matrimonio y que le deseaba lo mismo a él y a su esposa".

A la noche siguiente, Jared y su esposa conversaron nuevamente.

Lloraron una vez más y ella le dijo que estaba dispuesta a perdonarlo y que estaba dispuesta a salvar su matrimonio. "Me preguntó si estaba dispuesto a acudir a terapia y acepté de buena gana. Durante los próximos tres meses, vimos a un terapeuta una vez a la semana y trabajamos no solo sobre la base del dolor dejado por mi presente error, sino también a algunas cosas con las que no habíamos podido lidiar en el pasado. Todo esto sucedió hace cinco años y hoy disfrutamos de un matrimonio maravilloso. Me siento agradecido a Dios por haber obrado por medio de un esposo molesto para despertarme y me siento agradecido a mi esposa por haberme perdonado".

La historia de Jared demuestra tres realidades: (1) El pecado es engañoso, (2) Dios se preocupa por sus hijos errantes y (3) el arrepentimiento siempre es la mejor opción. El arrepentimiento hace posible la realidad del perdón y el perdón conduce a la restauración.

No por nuestra cuenta

Claro, esto es algo que no podemos hacer por nuestra cuenta. Humanamente hablando, queda fuera del alcance de cualquiera de nosotros. Un tercer paso debe acompañar a los dos primeros: Ceder ante el ministerio del Espíritu Santo.

No siempre comprendemos este concepto con facilidad. Pero Jesús nos dejó una promesa y una descripción. En Juan 14, al hablarle a sus doce discípulos durante la Última Cena, y siendo conocedor de sus miedos y sus inminentes sentimientos de soledad al terminar el ministerio terrenal de su Maestro, Jesús prometió enviar un "Consolador" que los guiaría a la verdad. Pablo nos dice que el Espíritu habita en cada uno de los creyentes (Ro. 8:9). Es el Espíritu Santo quien nos reprende cuando nos equivocamos (He. 12:5) y motiva a la confesión. Es del Espíritu Santo la tarea de reproducir en nosotros las cualidades y características que se vieron en la vida de Jesús y a las que Pablo llamó "fruto del Espíritu": "amor, gozo, paz, paciencia, benignidad [amabilidad], bondad, fe [fidelidad], mansedumbre, templanza [dominio propio]" (Gá. 5:22–23).

Note que dichas características se llaman "fruto del Espíritu" en vez de fruto del esfuerzo propio. La vida del cristiano no está sometida a *tratar* de ser como Jesús. En vez de ello, lo está a *ceder* nuestras vidas al Espíritu Santo para que Él pueda expresar las cualidades de Jesús a través de nosotros.

Ceder ante alguien más grande que nosotros mismos

Nunca podremos trabajar lo suficientemente duro para producir paz. La paz es un subproducto de ceder completamente nuestra vida al Espíritu Santo. Lo mismo es válido para el gozo, la paciencia, benignidad, bondad y todas las demás cualidades que aparecen anteriormente. La llave para la victoria del cristiano está en reconocer y aceptar el control del Espíritu Santo.

¿Cómo entonces nos llena el Espíritu Santo o nos controla el Espíritu Santo? Al confesar nuestros pecados y aceptar el perdón de Dios, entonces le pedimos que el Espíritu Santo nos llene o nos controle completamente. Es decir, le pedimos al Espíritu Santo que ascienda al trono de nuestras vidas. Dicha plegaria será respondida por Dios, porque Él lo prometió: "si pedimos alguna cosa conforme a su voluntad", Él nos oye y nos concederá la petición (1 Jn. 5:14). Sabemos que es: "Conforme a su voluntad" el que nos llene con su Espíritu gracias al mandamiento que aparece reflejado en Efesios 5:18: "sed llenos del Espíritu". Por consiguiente, cuando le pedimos que nos llene o nos controle, sabemos que lo hará.

Por fe, aceptamos el control sobre nuestras vidas por parte del Espíritu. No esperamos ni suplicamos por alguna gran experiencia emocional. Después de confesar nuestros pecados y pedirle que nos controle, sencillamente creemos que Él trabaja conjuntamente con nosotros en nuestro andar por esta vida, confiamos que por medio del Espíritu de Dios podremos alimentar nuestro matrimonio mediante la franqueza, la confesión y el perdón.

En resumen, he aquí como hacer para ceder ante el Espíritu Santo y hacer más grandes nuestros matrimonios:

31

1. Me doy cuenta de que mi matrimonio no es lo que debería ser.
2. Dejo de culpar a mi cónyuge y le pido a Dios que me muestre dónde está mi error.
3. Confieso mi pecado y acepto el perdón de Dios, según 1 Juan 1:9.
4. Le pido que me llene con su Espíritu y me de el poder para llevar a cabo cambios constructivos en mi vida.
5. Con su fuerza, voy donde mi cónyuge, confieso mis errores y pido perdón.
6. Con su fuerza, sigo adelante para cambiar mi comportamiento, según los principios que descubro en las Escrituras.

Si hace todo esto, puede estar seguro de que usted y su cónyuge estarán mucho más cerca de edificar el matrimonio que siempre han deseado.

Y él, ¿qué?

No quiero dar la idea de que usted no debe analizar los defectos de su pareja. Permítame darle un ejemplo personal que ejemplifica el papel de la confesión en lo relacionado con el análisis de los defectos.

Un sábado de verano, hace ya unos años, mi esposa y yo estábamos almorzando junto a nuestros dos hijos, disfrutando de la belleza del paisaje que se contemplaba a través de nuestra ventana. Los pájaros cantaban, las flores estaban radiantes y nuestros corazones se encontraban gozosos... hasta que Karolyn dijo que llevaría a nuestro hijo al centro comercial para comprarle un par de zapatos. Poco después de anunciármelo, se marchó. Los platos sucios estaban aún encima de la mesa.

Como soy una persona madura, claro, no dije nada pero mientras ella se alejaba en el auto, yo me retiré a la terraza trasera, me puse cómodo en mi sillón y pasé a enojarme con ella. Con ayuda de mi personalidad melancólica, me vino a la mente toda clase de pensamientos taciturnos.

"Después de todo, este es mi único día libre. Yo siempre trato de pasar los sábados en casa. Ella no trabaja en la calle. Tuvo toda la semana para ir de compras. ¿Por qué esperar el sábado? Es obvio que no me ama, si no, no me hubiera dejado solo. Bueno, no me dejó solo. Me dejó con todos los platos sucios encima de la mesa. Lo menos que puedo haber hecho era recoger la mesa. Para mí que ella espera que sea yo quien lo haga. Bien, le daré una lección. Yo no soy su esclavo".

Los pensamientos fueron de mal en peor y logré sentirme amargado en presencia de los pájaros cantores y las radiantes flores. Entonces pensé de manera muy acallada, como si Dios dudara en perturbar mi amargura, en el título de mi conferencia "Mira la viga" y las palabras de Jesús: "saca primero la viga de tu propio ojo".

Me volví a Dios y dije: "¡Ay, Señor, qué tonto! ¡Qué estúpido! ¿Qué me pasa que me molesto tanto porque mi esposa se va de compras al centro comercial?" La respuesta llegó rápidamente. Primero, estaba juzgando los motivos de mi esposa para tomar tal decisión al decir que se había ido porque no me amaba o no me consideraba. Jesús condena este tipo de juicio en Mateo 7:1. (De manera incidental, juzgar de dicha manera es también de tontos, ya que nadie puede conocer los motivos que pueda tener otra persona a menos que esta los revele.) Segundo, me estaba comportando de manera muy egoísta. Después de confesar y haber aceptado el perdón de Dios, cedí el trono de mi vida al Espíritu Santo y pude fregar los platos con espíritu optimista y una actitud positiva para con mi esposa.

Esa noche, después que los niños estaban acostados, tuve la oportunidad de relatarle a mi esposa los problemas que había afrontado aquella tarde. "¿Sabes, mi amor?", le dije. "Libré una verdadera batalla esta tarde. Una batalla tal, de hecho, que pequé y Dios tuvo que lidiar conmigo por ello. Ahora, ya me confesé y Dios me perdonó pero pensé que tal vez quisieras saberlo".

¿Cómo podía resistirse? Continué contándole acerca de mi actitud y pensamientos y que me había dado cuenta de que estaba equivocado. No tenía necesidad de confesárselo, porque ella no me había visto en medio de mi error. Mi confesión había sido con Dios pero se lo conté a ella porque nuestra meta es la unidad, como vimos en el capítulo anterior. La unidad se alcanza solo si estamos dispuestos a confiar tanto nuestros fracasos como nuestros éxitos. Cuando revelé mi problema y mi confesión a Dios, mi esposa se sintió muy abierta a analizar el episodio y acordamos algunas directrices para el futuro que resultaban aceptables para ambos. Verá, mi confesión había allanado el camino para sostener una conversación constructiva acerca de su proceder.

Debe quedar claro que Karolyn no había hecho nada moralmente incorrecto. Irse un sábado de compras no es un pecado. Fui yo quien pecó. Cuando reconocí mi problema, en vez de señalar mi dedo acusador en su dirección, ella se sintió emocionalmente libre para analizar su acción y preguntar: "¿Qué puedo hacer para ayudar con el problema?"

> *Las personas no nos "amargan la vida". Nosotros escogemos ser amargados.*

¡Cuán distinto hubiera sido el resultado si yo hubiera decidido continuar con mi sufrimiento y hubiera permitido que la amargura creciera! Cuando ella llegó a casa, pude haberme abalanzado sobre ella con aires de condenación o haberme sumido en el silencio y dejarla que me rogara por que le revelara la causa de mi animosidad. Pude haber enterrado mis sentimientos, no haber lidiado con ellos, haber dejado que ardieran en mi interior. Ninguna de dichas reacciones hubiera ayudado a nuestro matrimonio.

Cuando una relación se rompe, ambas partes son responsables de dicha ruptura. Puede que uno sea responsable en mayor medida que el otro, pero cualquiera puede decidirse a reparar el daño. Cada uno debe lidiar con los defectos que cada uno tiene y de seguro, es todo lo que cada una de las partes puede hacer. La confesión es un acto personal. Debemos darnos a cada uno la libertad de confesarnos o no. Al mismo tiempo, podemos confesar nuestros errores y ello puede ser el estímulo que desate la confesión por parte de nuestro cónyuge.

En este capítulo hemos analizado una manera de cambiar su matrimonio y ponerlo en el camino correcto. Después de la primera gran confesión, no tendrá que hacer una lista de sus defectos pero sí tendrá que lidiar con ellos uno a uno, según se pongan de manifiesto. Puede que un día cualquiera se dé cuenta de que en su relación hay fricciones, pensamientos negativos y falta de unidad. Su primera pregunta entonces debe ser: "Señor, ¿qué me pasa? ¿Por qué me incomodo tanto por esto? ¿Qué hice o no hice para desencadenar una acción así por parte de mi cónyuge? Incluso si se equivocó completamente en su proceder, ¿qué decir de mi actitud? ¿Fue mi reacción ante su proceder correcta o incorrecta?"

En cuanto advierta que está equivocado, confiéselo, acepte el perdón de Dios y pida a su Espíritu que lo controle. Las personas no nos "amargan la vida". Nosotros escogemos ser amargados. El sentimiento que surge seguido a la acción de su pareja puede ser automático y ajeno a su voluntad pero lo que usted *hace* con dicho sentimiento es su decisión.

Si usted está dispuesto a buscar en su corazón y confesar cualquier error que haya descubierto, entonces puede estar tranquilo, aunque no se encuentre particularmente feliz con la situación a mano. Puede usted entonces convertirse en una fuerza positiva en pos del cambio, en vez de contribuir al problema con su actitud.

A modo de conclusión

Es importante recordar que su matrimonio puede mejorarse aun si su cónyuge nunca llegue a cambiar. Un miembro de la pareja puede cambiar un matrimonio para mejorarlo, incluso si el otro no desea mejorarlo. No digo que puede alcanzar un matrimonio ideal, plenamente satisfactorio en todas las áreas. Ello, en verdad, requiere del trabajo de dos individuos bajo Dios. Pero puede llegar a notar un mejoramiento sustancial en su matrimonio, si tan solo está dispuesto a cambiar.

Si pusiera en práctica la clase de acciones que se sugieren es el presente capítulo, estaría dando los primeros y más estratégicos pasos en dirección a un matrimonio saludable y mejorado. ¿Quién sabe lo que Dios haga con su cónyuge si usted se decide a cooperar en vez de entorpecer?

AHORA LE CORRESPONDE A USTED

1. *Haga una lista de los defectos de su cónyuge. ¿En qué está fallando? (Más adelante veremos como hacer uso de esta lista. Por ahora, sencillamente haga la lista para que pueda liberar la mente y pueda concentrarse en sus propias necesidades.)*

2. *Lea en la Biblia: Mateo 7:1–5; Hechos 24:16; 1 Juan 1:9.*

3. *Confeccione una lista de sus propios pecados y confiéselos a Dios como se describió en el presente capítulo.*

4. *Pida y acepte por fe el control sobre su vida del Espíritu Santo.*

5. *Como persona a quien Dios perdonó y que el Espíritu Santo controla, cuente sus errores a su cónyuge y pídale perdón.*

6. *Cada vez que tenga una actitud o realice una acción errada, júzguela de inmediato y experimente el perdón. Disciplínese usted mismo para que viva con la conciencia limpia ante Dios y su pareja.*

7. *La vida es demasiado corta para estar enfrentados con cualquier otra persona. Usted se merece la libertad de tener la conciencia limpia. La confesión de los errores y pedir perdón el camino que conduce a la libertad. ¿Para qué esperar?*

CAPÍTULO 3

El verdadero significado
del amor

¿QUÉ SIGNIFICA amar realmente a su cónyuge? Tal vez no sea lo que usted cree.

Si realizara una encuesta entre sus amistades casadas (garantizando el anonimato) y le pidiera que valorara en una escala del 1 al 10, siendo 1 "compromiso total con mis propios intereses" y siendo 10 "compromiso total con el bienestar de mi cónyuge", predigo que la mayoría se agruparán cerca del 5. Porque si somos honestos, la mayoría de nosotros piensa qué va a sacar de la relación, lo maravilloso que nos va a resultar todo.

¿Es eso amor? Durante los últimos años, le he preguntado a varios grupos de estudio seminario que me digan su definición de amor. Las definiciones son muy variadas. Algunos dan mayor énfasis al aspecto físico-emocional del amor, donde otros han enfatizado la naturaleza altruista del amor. Una que me gusta es: "Amor es una palabra de cuatro letras, que se compone de dos vocales: A y O, de dos consonantes: M y R, y de dos tontos: tú y yo".

En este instante, sin intentar definir qué es amor, quiero explicarles dos planteamientos muy extraños que aparecen en las Escrituras. En Efesios 5:25 se amonesta a los esposos: "amad a vuestras mujeres" y en Tito 2:3–4, se aconseja a las ancianas: "enseñen a las mujeres jóvenes a amar a sus maridos". Le recuerdo que dicha construcción gramatical en Efesios 5:25 es la misma del versículo 18, donde aparece: "sed llenos del Espíritu". Es un mandamiento.

¿Por qué se manda al hombre a que ame a su esposa y se manda a la esposa a que ame a su esposo? ¿No es ese el sentido del matrimonio? ¿No fue esa la primera razón por la que usted se casó? Eso es lo que me dicen las parejas cuando vienen a analizar su matrimonio. ¿Por qué, entonces, se nos manda a amarnos después de casarnos?

¿Será que eso que llamamos "amor" no es amor en absoluto? ¿Será que para la mayoría de las parejas el amor viene después de la boda, si es que en verdad se hace presente?

La mejor descripción de amor de todos los tiempos

Echemos un vistazo a 1 Corintios 13:4–8 para ver la mejor descripción (no definición) de amor que haya encontrado jamás. Léala detenidamente en una traducción moderna, tenga en mente las implicaciones que tendría en el matrimonio. El pasaje se lee usualmente durante las bodas e inspira incluso a los no creyentes por su belleza y poesía. Pocos, sin embargo, ven las implicaciones prácticas.

"El amor es sufrido, es benigno; el amor no tiene envidia, el amor no es jactancioso, no se envanece; no hace nada indebido, no busca lo suyo, no se irrita, no guarda rencor; no se goza de la injusticia, mas se goza de la verdad. Todo lo sufre, todo lo cree, todo lo espera, todo lo soporta".

"El amor nunca deja de ser".

Ese pasaje es demasiado complicado para poder digerirlo de una sola vez, así que tome algunas de las ideas clave. El amor es paciente y benévolo, nuca exige que las cosas se hagan a su manera; no es un "sabelotodo", sino que es comprensivo, no se ofende con facilidad; es cortés; muestra una actitud positiva ante los problemas. Todas esas características del amor van dirigidas al bienestar de la persona amada.

¿Pero todas estas cualidades del amor necesitan de un "sentimiento" afectuoso hacia la persona amada? No responda sin pensar. ¿Cuán cálido tiene que ser el sentimiento para que uno sea benévolo, para que uno sea paciente? Verá, el tipo de amor que se describe en 1 Corintio 13 no hace énfasis en las emociones, sino en las actitudes y las acciones, que no son ajenas a nuestra voluntad.

"Ya no la amo"

Con frecuencia las parejas vienen a mí en medio de las dificultades de su matrimonio. Están a punto de separarse y cuando les pregunto por qué, dicen sus puntos de contención y concluyen con el factor decisivo: "Bueno, es que sencillamente ya no nos amamos". Se supone que eso sea definitivo. El divorcio es la única alternativa. Después de todo, no podemos evitarlo. Nuestro amor, sencillamente, "se perdió". O: "Es ajeno a nuestra voluntad". Un esposo dijo: "Desearía poder amarla, pero ya es demasiado tarde. Ya han pasado demasiadas cosas".

Yo no creo eso. Si usted busca compasión desde ese punto de vista, no venga a verme. Le haría cualquier cosa menos un favor si le hiciera creer que la felicidad de su matrimonio es "ajena a su voluntad".

Déjeme decirle la segunda mitad de la oración que comencé antes. En Efesios 5:25 leemos: "Maridos, amad a vuestras mujeres, así como Cristo amó a la iglesia y se entregó a sí mismo por ella". Bien, ¿cuál fue la posición de la iglesia cuando Cristo se entregó a sí mismo por ella? ¿Fueron aquellos que Él amó benévolos, considerados y pacientes para con Él? Por el contrario, el mejor de ellos maldijo y sentenció: "No conozco al hombre" (Mt. 26:74). Romanos 5:8 plantea que Dios mostró su amor hacia nosotros, aunque éramos asquerosos, egoístas y aborrecibles, al Cristo morir por nosotros.

Dios nos amó cuando fuimos tan despreciables. Por esto el esposo recibe el mandamiento de amar a su esposa, aun cuando esta no es tan amorosa. Verá, cualquier hombre puede amar a una mujer que le ama. Para eso no se necesita mandamiento alguno. Ese es el tipo de amor que conocíamos antes de casarnos. Era muy amoroso con ella porque ella era amorosa conmigo, ¿pero como debo reaccionar ahora que mi cónyuge no es amorosa? He aquí el momento en que la advertencia bíblica nos auxilia. Si respondo con benevolencia, comprensión, paciencia y cortesía, facilito, al tiempo que hago posible, que ella responda de la misma manera.

Ahora bien, esto no significa que ella debe responder con amor. Ella es libre de no amar. Por eso es que el máximo éxito de un matrimonio no puede alcanzarse por medio de las acciones de uno de los miembros. Hacen falta dos individuos amorosos para alcanzar la máxima satisfacción en una relación. Pero si yo, como individuo, escojo amar, las cosas mejoraran. Siempre puedo mejorar mi matrimonio y el amor es mi mejor arma.

Levantarse por encima de uno mismo

Sería injusto si no expresara con claridad mis profundas dudas de que usted jamás será capaz de demostrar un amor así de altruista sin la ayuda del Espíritu Santo. Las Escrituras plantean: "el amor de Dios ha sido derramado en nuestros corazones por el Espíritu Santo que nos fue dado" (Ro. 5:5). La capacidad de responder con amor nos viene de Dios. Tengo la oportunidad de ser el agente de Dios en lo que respecta al amor a mi esposa. Nadie en todo el universo se encuentra en mejor posición para amar a mi esposa que yo. No debo perder esa oportunidad. Si estoy dispuesto a volverme a Dios, admitir mi falta de amor, sí, incluso mi amargura y odio, y aceptar su perdón y pedirle que ame a mi esposa por medio de mí, podré convertirme en un amante por excelencia.

Todos nuestros sentimientos negativos no necesitan expresarse. Algunos necesitan mantenerse en privado.

Lo que sucede con frecuencia es lo siguiente: Mi esposa hace algo que yo creo que está mal, o peor, no hace algo que yo creo que debió haber hecho. De inmediato, mis sentimientos para con ella se vuelven negativos. Dichos sentimientos negativos pueden bien ser espontáneos y ajenos a mi voluntad. Pero lo que yo haga con dichos sentimientos no es ajeno a mi voluntad. Si sigo mi naturaleza básica, expresaré los sentimientos con palabras cortantes o mediante el trato silencioso e hiriente. Ambos llevarán a cabo la tarea de amargarnos a los dos. Mis acciones negativas tendrán la tendencia de provocar en ella reacciones negativas.

Sin embargo, si yo escojo no seguir mis sentimientos negativos, puedo convertirme en un agente del amor. Es decir, puedo agradecer a Dios que con su poder no tengo que ser negativo solo porque tenga sentimientos negativos y por tanto, puedo implorar por su habilidad para expresar amor y así cambiar la situación por completo.

Contrario a algunas nociones de psicología popular, todos nuestros sentimientos negativos no necesitan expresarse. Algunos necesitan mantenerse en privado.

Permítame poner un ejemplo. Conocí a Jasón en Tucson, Arizona. Él era de la costa este pero se había mudado al oeste hacía dos años, después que su matrimonio terminó en divorcio. Nunca olvidé la descripción tan gráfica de Jasón de la expresión descontrolada de sentimientos: "Ahora me doy cuenta de que destruí mi propio matrimonio. Permití que mis sentimientos controlaran mi vida. A causa de ser tan distintos, Susana hacía algunas cosas que me irritaban. Era como si todos los días le dijera que me sentía herido, decepcionado, frustrado y enojado. Todo terminaba por ser culpa de ella. Trataba de ser franco, pero ahora me doy cuenta de que uno no puede dejar que las aguas albañales corran libremente por nuestro matrimonio y esperar que nazca un jardín".

Jasón tiene razón: No podemos expresar verbalmente de manera constante nuestros sentimientos negativos y esperar que tengan un efecto positivo en nuestro cónyuge.

No sugiero que los sentimientos negativos sean pecaminosos. Solo cuando incito mis sentimientos negativos mediante la meditación y los actos me convierto en culpable de errar. El mundo está repleto de parejas que han llegado al punto de ruptura porque cada uno de los miembros ha expresado todos sus sentimientos negativos hacia el otro. No digo que debemos negar que sentimos tales cosas, sino que debemos expresarlas a Dios y agradecerle el no haberlas seguido.

Algunos dirán: "Está bien. Me dice que ame a mi pareja sin importar cómo me sienta con respecto a ella. ¿No es eso hipocresía?"

No, no hay nada de hipocresía, a menos que diga sentir algo que no siente. Cuando se expresa benevolencia por medio del acto considerado o un presente, no hay que decir que experimentamos un sentimiento cálido. Sencillamente está siendo amable. Puede que no sienta nada, o que en verdad sus sentimientos sean negativos. Pero es por medio del acto de expresar amor por el que más probabilidades tiene de recibir amor de su pareja, cosa que a su vez afecta sus sentimientos de manera positiva. Los sentimientos negativos se alivian con más frecuencia si se ignoran en vez de mimarlos.

Miles de matrimonios pudieron redimirse si uno de los cónyuges hubiera descubierto el principio del amor, de la manera en que lo hemos analizado. Si olvidara todo lo aprendido en este libro, recuerde amar "al estilo de 1 Corintios 13". El amor es lo más grande que existe y está disponible para todos.

Pensemos que usted prefiere amar. Aunque sus sentimientos sean apáticos o incluso negativos, prefiere ser el canal de Dios en lo concerniente al amor a su cónyuge. ¿Cómo expresar un amor así? Hay dos formas básicas: Mediante palabras y mediante acciones.

Amar con palabras

En 1 Corintios 8:1 se afirma: "el amor edifica". La palabra edificar significa construir. El sustantivo es la palabra edificación o construir. Por consiguiente, amar a mi cónyuge significa construir a mi pareja. Uno de los más poderosos medios de edificación es el cumplido. Busque algo pequeño o grande que le guste acerca de su pareja y exprese reconocimiento.

Se cuenta la historia de una mujer que fue a pedir consejo a un consejero matrimonial. "Quiero divorciarme de mi marido", confesó, "y quiero herirlo lo más profundo que pueda". "En ese caso", aconsejó el terapeuta, "comience a decirle la mayor cantidad de cumplidos que pueda. Cuando se haya usted hecho imprescindible para él, cuando él crea que usted lo ama con devoción, comience el proceso de divorcio. Así es cómo lo va a herir más".

Unos meses más tarde, la esposa regresó a ver al terapeuta para informarle que había seguido el curso de acción que le había sugerido. "Bien, este es el momento para comenzar el divorcio", dijo el terapeuta. "¡Divorcio!", dijo la mujer indignada. "¡Nunca! Me enamoré de él".

Amar con palabras cuando se es maltratado

"¿Cómo puedo decirle un cumplido si el me trata de manera tan horrible?" Podría preguntar una esposa. Con la ayuda del Espíritu Santo, la Biblia da una respuesta. ¿No nos advierte Jesús en Mateo 5:44: "Amad a vuestros enemigos,... y orad por los que os ultrajan y os persiguen"? Si amamos en la cara del maltrato, podemos redimir nuestro matrimonio.

Si aprendiéramos del tremendo poder del cumplido, rara vez volveríamos atrás para quejarnos, como en el siguiente ejemplo:

La esposa observa por la ventana que el esposo casi terminó de cortar el césped del jardín. Entonces se decide: "Este es el momento para golpear". Sale, pone sus manos alrededor de su boca y grita, haciéndose notar por sobre el ruido de la segadora: "¿Tú crees que puedas limpiar las canaletas por la tarde?" Imagine, el esposo de ella acaba de pasar dos agotadoras horas cortando el césped y lo único que recibe es otra tarea. No puedo decirles que va a responder él, pero sí puedo decirle lo que pensará: *¡Mujer, déjame en paz!* ¿No se hubiera sentido él mejor si ella hubiera salido con un vaso de limonada y le hubiera dicho lo bien que había quedado en jardín?

No le garantizo que su esposo se ofrezca voluntario para limpiar las canaletas pero le garantizo que el cumplido será recibido con gran regocijo. Un esposo se siente mucho más motivado a participar en las tareas del hogar cuando recibe un cumplido como recompensa.

Claro, esto también sirve para el esposo. Una esposa de veinticinco años de casada, recordó su irritación cuando llegó a su casa cansada del trabajo y comenzó a preparar la cena. "Me encontraba preparando algo con muchos vegetales. Mi esposo miraba la sartén al tiempo que decía: '¿Y la carne?' Quise darle una bofetada y decirle: 'Bien, cocina tú'". Hubiera sido mucho mejor que el esposo hubiera expresado su agradecimiento por una comida hecha en casa, ¡aunque no tuviera carne!

Amar con palabras de benevolencia, súplica y aceptación

Otra manera de expresar amor por medio de las palabras es hablar con benevolencia. El amor es benévolo (1 Co. 13:4). Esto se relaciona con la manera en que uno habla. "La blanda respuesta quita la ira; mas la palabra áspera hace subir el furor" (Pr. 15:1). ¿Por qué grita cuando habla con su cónyuge? ¿Por qué habla con aspereza? Porque sigue sus sentimientos negativos. Se puede hablar amablemente incluso siendo presa de sentimientos negativos si se escoge la ayuda de Dios.

No hay nada malo en admitir los sentimientos de uno ante la pareja si lo hace con amabilidad, particularmente cuando se remuerde en su interior. La esposa dice con gentileza: "Te amo mucho, mi amor y eres un esposo extraordinario pero me hace falta que le eches un vistazo a la computadora como me prometiste hace ya varias semanas". No le hará daño decir un elogio junto con una petición de manera amable.

Una tercera forma de hablar con amor es haciendo uso de la súplica en vez de las órdenes. El amor no exige que las cosas se hagan a su manera (1 Co. 13:5). "¿Qué te parece esto?" "¿Y esto otro?" "¿Crees que sea posible?" "¿Podríamos hacerlo?" Esas son palabras de súplica, completamente opuestas a: "¡Asegúrate de terminar esto hoy!"

Otra manera de expresar amor es mediante las palabras de aceptación. Asegúrele a su cónyuge que él o ella puede ventilar sus ideas sin que usted se ponga a la defensiva y se sienta atacado.

La esposa dice: "Siento que ya no me amas igual que antes". Por naturaleza, el esposo responde: "¿Cómo puedes decir eso? ¿Es que no te acuerdas del bolso que te compré hace tres años y de la vez que te llevé a almorzar al salir de la iglesia el verano pasado?" ¿Qué está haciendo él? Está condenándola por la manera en que se siente. Es mucho mejor decir: "¿Cómo es eso, mi amor? ¿Qué te hace sentirte así?" Permítale expresar sus sentimientos y entonces acepte sus palabras. Busque maneras de velar por dichos sentimientos, en vez de condenarlos.

Hablar con amor también significa que utilicemos palabras en tiempo presente. El amor no lleva la cuenta de los errores, no saca a relucir el pasado con cada nueva crisis. Si los errores del pasado ya han sido confesados, ¿para qué revivirlos? El amor solo habla de los hechos del presente y no arma sus alegatos refiriéndose a cada una de las imperfecciones del pasado. Algunas parejas se hieren a muerte con errores del pasado. Cosas así demuelen el "edificio" del matrimonio.

Amar con acciones

¿Qué parecerían nuestros matrimonios si nos rigiéramos realmente por el consejo de Juan, el discípulo amado por Jesús, de amar no solo con palabras, sino con acciones (1 Jn. 3:18)? ¿Cómo respaldar lo que decimos con lo que hacemos?

El amor es paciente. Por consiguiente, si queremos expresar nuestro amor con nuestro comportamiento, debemos mantener un comportamiento paciente. Las implicaciones en este punto son de gran envergadura. Esto eliminaría su caminar de un lado a otro mientras su esposa se arregla para salir. ¿Por qué no se sienta y se tranquiliza? Su comportamiento impaciente no aumenta la velocidad de ella. Sencillamente altera su propio espíritu y puede resultar incluso dañino físicamente. Usted no necesita ser impaciente. Usted puede elegir. ¿Por qué no amar?

El amor es benévolo. Los actos de benevolencia constituyen una de las voces más fuertes del amor. Uno se ve limitado solo por su imaginación y voluntad. Los tulipanes que venden en los supermercados nos dicen a todos en los grises días de invierno: "Te amo", excepto a la esposa que es alérgica a las flores. Ese texto que en medio de la vorágine del trabajo dice: "Eres el mejor esposo del mundo", bien puede convertirlo en el mejor. Una cena sorpresa en un restaurante comunica: "Eres especial" a una esposa que regularmente prepara las comidas para toda la familia.

¿Hace cuánto que no le escribe a su cónyuge una carta de amor? "No sea tonto", diría cualquiera. "Lo veo todos los días. ¿Para qué escribirle una carta?" Porque dirá cosas en una carta de amor que no dice en una conversación verbal. Una carta de amor al mes mantiene al matrimonio vivo y lo mejora. Una carta es un acto de benevolencia.

¿Por qué no se propone nuevas metas en el área de la benevolencia? Piense en algo que pueda hacer todos los días para expresar su amor por su cónyuge. Después de haber realizado la acción, diga verbalmente: "¡Te amo!" No haga como el hombre que me dijo: "Le dije a mi esposa que la amaba cuando le pedí que se casara conmigo. Si cambió de parecer algún día, se lo haré saber". El amor no se alcanza de una vez y por todas. Es un estilo de vida.

El amor es cortés. La palabra cortés significa "relativo a modales de la corte, educado". ¿Es que ha olvidado los detalles? ¿Trata a otras personas con mayor cortesía que a su cónyuge? Ya somos muchos los que llevamos demasiado lejos la idea de que "el hogar de un hombre es su castillo" y nos comportamos de una manera que ni en sueños repetiríamos en la oficina o la iglesia. Igual de errados, pasamos por alto las pequeñas sutilezas: Los sencillos "buenos días", los besos al llegar del trabajo, tomar del brazo a su esposa para ayudarla a cruzar un charco de agua en el estacionamiento. Llamar para decir: "Me voy a demorar" no es más de lo que haría por cualquier otra persona con quien tiene una cita y con la aparición de los teléfonos celulares, es algo sencillo. ¿Por qué no tratar a su cónyuge con la misma cortesía y respeto con que trata a los demás?

El amor no es egoísta. El amor vela por los intereses de la persona amada. Si un esposo viviera con la perspectiva de ayudar a su esposa a alcanzar su mayor potencialidad y la esposa viviera con la perspectiva de ayudar a su esposo a alcanzar su mayor potencialidad, seguirían el ideal bíblico.

Tal vez el patrón de amor que hemos analizado le parezca supernatural. ¡Lo es! La norma humana es la de amar a aquellos que lo aman a uno. Jesús dijo: "Porque si amáis a los que os aman, ¿qué recompensa tendréis? ¿No hacen también lo mismo los publicanos?" (Mt. 5:46). Uno no necesita la ayuda de Dios para amar a un esposo o esposa que lo ama a uno. Es algo natural. Pero Jesús nos llama a amar "a nuestros enemigos" (Mt. 5:44).

Con seguridad su cónyuge no podría ser peor que su enemigo. Entonces su responsabilidad queda clara. Dios quiere expresar su amor a través suyo. ¿Le dará usted la oportunidad de demostrar el poder del amor? Deje sus sentimientos a un lado; no se condene usted mismo por sus sentimientos negativos. Bajo el poder del Espíritu Santo, exprese amor en palabras y acciones y sus sentimientos se aparejarán con usted. Si con el tiempo su cónyuge responde de manera recíproca al amor que usted le brinda, puede que hasta vuelvan a "estremecerse". El amor no queda fuera de su alcance si usted es cristiano.

Irritaciones e imperfecciones

Si pudiera parafrasear a 1 Pedro 4:8 "el amor cubrirá multitud de pecados", diría: "El amor acepta muchas imperfecciones". El amor no exige perfección por parte de nuestro cónyuge. Hay cosas en las que su pareja no cambiará o no está dispuesto a hacerlo. A ellas llamo imperfecciones. Puede que no sea nada inmoral por naturaleza pero son sencillamente cosas que a usted no le gustan. ¿Puedo poner un ejemplo de mi propio matrimonio?

Ya llevábamos varios años de casados cuando me di cuenta de que mi esposa es una "abregavetas" pero no una "cierragavetas". No sé si me encontraba ciego ante dicho hecho durante lo primeros tres o cuatro años o si era un nuevo patrón de comportamiento de ella pero en todo caso me irritaba grandemente.

Hice lo que pensé era lo que debían hacer los "adultos". Le expresé mi descontento al respecto y le pedí que cambiara. La siguiente semana, observé con atención cada vez que entré en nuestro apartamento. Para mi consternación, no hubo cambio alguno. Cada vez que veía una gaveta abierta, me ponía muy molesto. Y a veces explotaba.

Después de unos dos meses, decidí utilizar mi experiencia como educador. Le daría una demostración visual junto con la conferencia. Fui a casa y vacié la primera gaveta de la cómoda del baño, saqué la gaveta y le mostré la pequeña ruedita que tiene en el fondo y como encajaba en el riel. Le expliqué lo maravilloso que era el invento. Esta vez, sabía que había comprendido cómo funcionaba la gaveta y cuán en serio me había tomado el asunto.

A la semana siguiente esperaba el cambio con ansiedad, ¡pero nada! Entonces, un día llegué a casa y me enteré que nuestra hijita de 18 meses se había caído y se había cortado el extremo del ojo con el borde de una gaveta abierta. Karolyn la había llevado al hospital. Allí había tenido que pasar por la terrible experiencia de ver al cirujano suturar la herida abierta y de preguntarse si le dejaría una cicatriz o algún defecto en la visión.

Ella me lo contó todo y yo contuve mi emoción mientras escuchaba. Estaba orgulloso de mí mismo. Ni siquiera mencioné lo de la gaveta abierta pero me dije: "¡Seguro que ahora sí cierra las gavetas!" Sabía que este era el factor decisivo. ¡Ahora tendría que cambiar! Pero no cambió.

Transcurrida una semana o dos, me pasó por la mente: "¡No creo que cambie jamás!" Me senté a analizar las alternativas que tenía. Las anoté: (1) ¡Podría separarme! (2) Podría sentirme muy mal cada vez que viera una gaveta abierta, desde hoy hasta el día en que yo o ella muera, o (3) Podría aceptarla como una "abregavetas" y tomar la responsabilidad de cerrar las gavetas.

Mientras analizaba las alternativas, en seguida descarté la número uno. Mientras miraba la número dos, me di cuenta de que si me iba a sentir un desgraciado cada vez que viera una gaveta abierta desde hoy hasta el día en que muriera, pasaría una gran parte del resto de mi vida en medio de la desgracia. Llegué a la conclusión que la mejor de mis alternativas era la número tres: Aceptar el hecho como una de sus imperfecciones.

Tomé la decisión y me fui a casa a comunicársela.

—Karolyn —le dije—. ¿Te acuerdas de lo que te dije acerca de las gavetas?

—Gary, por favor, no vuelvas con eso —me respondió.

—No, ya tengo la solución. A partir de ahora, no tendrás que preocuparte por ello. Nunca más tendrás que cerrar otra gaveta. Lo voy a tomar como otra de mis tareas. ¡Se acabó nuestro problema con las gavetas!

Desde aquel día hasta la fecha, las gavetas abiertas no me han molestado más. No siento nada, ni siquiera hostilidad. Sencillamente las cierro. Esa tarea es mía. Cuando llegue a casa hoy en la noche, le garantizo que tendré gavetas abiertas esperándome. Las cerraré y me sentiré bien.

¿Qué le estoy sugiriendo por medio de este ejemplo? Que en el matrimonio descubrirá cosas en su cónyuge que no le gustarán. Puede ser la manera en que cuelga las toallas (¡o que no cuelga las toallas!). Puede ser la emisora de *rock* clásico que sintoniza en el radio del automóvil... la manera en que tiende a interrumpir... la molesta manía que tiene él de olvidar los nombres de las personas... cómo deja ella los zapatos en el medio para que usted tropiece.

El primer paso es pedirle que cambie. (Si puede usted cambiar, ¿por qué no hacerlo? Es una forma sencilla de hacer feliz a su cónyuge.) No obstante, le aseguro que hay cosas que su pareja no va a cambiar o que no puede cambiar. Este es el punto en que "el amor acepta muchas imperfecciones". Queda por usted decidir hasta qué punto aceptará.

A modo de conclusión

Algunos de ustedes han librado batallas durante 25 años por cosas tan triviales como las gavetas abiertas. ¿Podría ser este el momento para llamar a un cese al fuego y hacer una lista de las cosas que aceptará como imperfecciones? No quiero quitarle las esperanzas pero su cónyuge jamás será perfecto. Él o ella nunca lo harán todo de la manera que usted desea.

¡Su mejor alternativa es aceptar el amor!

AHORA LE CORRESPONDE A USTED

1. *Habiendo confesado sus errores ante Dios y habiendo pedido a su cónyuge que lo perdonara, pida a Dios que lo deje ser su agente para amar a su pareja. Pídale que lo colme con su Espíritu y su amor. (Dios responderá a esta plegaria porque ya nos dijo que esa era su voluntad, vea Efesios 5:18, 25; Tito 2:3-4.)*

2. *Olvide sus sentimientos. No hay nada que usted tenga que sentir para amar a su cónyuge. Los sentimientos pueden cambiar a causa de sus acciones pero los sentimientos no deben dictar sus acciones. Escoja amar a su pareja sin importar lo que usted sienta.*

3. *Exprese amor a su pareja por medio de la palabra o las acciones una vez cada día durante el siguiente mes. Relea la sección "amar con palabras" y "amar con acciones". Tal vez pudiera comenzar con un cumplido cada día de la próxima semana.*

4. *No permita que las reacciones de su cónyuge sofoquen su amor mientras su elección sea amar. ¿Por qué detenerse si el amor es su más grande arma para el bien y el mejoramiento?*

5. *Considere la posibilidad de aceptar en su cónyuge algunas imperfecciones que le han molestado por años. Si se decide a aceptarlas, asegúrese de decirlo a su pareja. Ese tipo de aceptación puede ser un paso positivo en relación con su mejoramiento emocional.*

6. *Pocos individuos pueden resistirse ante el amor genuino e incondicional por más de un año. ¿Por qué no empezar hoy*

mismo? Haga de este año el mejor año de su matrimonio. Muchos lo han encontrado antes del mes, el amor ha engendrado amor y su matrimonio ha cambiado por completo.

"¡Escúchame!"

VIVIMOS EN UNA ERA de ruido y murmullos tanto sonoros como visuales: Cadenas de televisión por cable; la interminable cantidad de correos electrónicos y correos no deseados; el hombre que camina dentro de la tienda por departamentos hablando por su teléfono celular; música ambiental donde quiera que vayamos. Y la lista sigue y sigue. No hay dudas de que como cuestión cultural, nos encanta "comunicarnos". Rara vez encontramos un lugar donde podamos hallar silencio y paz.

Pero ¿qué tipo de comunicación? Esa es la cuestión.

Cuando fracasamos en comunicarnos de manera abierta y significativa, en verdad, cuando fracasamos en compartir nuestras vidas con nuestros cónyuges, contenemos el curso de la vida y tendemos a crear una cisterna estancada de autocompasión. Nos sentimos solos porque estamos solos. Puede que vivamos bajo el mismo techo pero vivimos como dos personas solitarias en vez de formar una unidad. Esto es justamente lo contrario a los planes de Dios. En el principio, Él dijo: "No es bueno que el hombre esté solo" [separado] (Gn. 2:18). Muchos individuos se han visto a sí mismos "separados" en medio de su matrimonio. No es bueno estar solos.

Un acto de voluntad

Contrario a los ideales altivos que teníamos antes de contraer matrimonio, la comunicación sin obstáculos no viene de forma natural. Por otra parte, tampoco es, como piensan otras parejas, imposible de alcanzar. Si vamos a alcanzar la unidad y disfrutar de ese cálido aire de vida que constituye la más profunda de todas las satisfacciones, debemos comunicarnos. No podremos conocernos los unos a los otros si no confiamos el uno en el otro. El apóstol Pablo puso su dedo sobre esta verdad cuando dirigió la iglesia a Corintio: "porque ¿quién de los hombres sabe las cosas del hombre, sino el espíritu del hombre que está en él? Así tampoco nadie conoció las cosas de Dios, sino el Espíritu de Dios" (1 Co. 2:11).

Justo como nunca sabríamos cómo es Dios si Él no hubiese elegido comunicarse a través de su Espíritu, tampoco podríamos conocernos los unos a los otros a menos que elijamos comunicarnos. "Yo sí lo conozco bien" podría ser cierto después de cincuenta años de comunicación sin obstáculos, pero no es cierto durante los primeros años de matrimonio.

No, su esposo no puede leerle la mente, como bien usted sabe. Si usted quiere que él sea sensible con respecto a sus sentimientos, ¡debe contarle lo que siente! Si usted quiere que su esposa se interese por lo que sucede en su mundo, usted debe dejarla entrar.

La comunicación es un acto de voluntad. Ello aparece ejemplificado en 2 Corintios 6:11-13, donde Pablo dice a los corintios: "Nuestro corazón se ha ensanchado... Ensanchaos también vosotros". Nos comunicamos o no nos comunicamos por un acto deliberado. No podemos decir con certeza: "Yo soy así. ¡Es que sencillamente no soy un 'gran comunicador'!"

Ahora bien, es cierto que algunos de nosotros tenemos lo que se llama una "personalidad Mar Muerto". Podemos tener muchos pensamientos, sentimientos y experiencias y estar completamente conformes de no expresárselos a nadie. No nos sentimos impulsados a hablar. Otros tienen una "personalidad parlanchina"; todo lo que les pasa por la mente, sale por sus bocas y con frecuencia no transcurren ni sesenta segundos entre una cosa y la otra. La "personalidad Mar Muerto" tendrá muchas más dificultades para expresarse que la "parlanchina". Por otra parte, la "parlanchina" tiene así mismo el problema de aprender a escuchar.

Para alcanzar una comunicación efectiva es necesario hablar y escuchar. Cada uno de nosotros tiende a dejar atrás uno de estos dos extremos en la orientación esencial de la personalidad. Por consiguiente, todos tenemos dificultades para comunicarnos pero podemos hacerlo. La comunicación es esencialmente un acto de voluntad, no un asunto de personalidad.

Nuestras personalidades pueden constituir una ventaja o una desventaja en lo que respecta a la comunicación pero nunca nos dejan en cero. Elijo abrir mi corazón o elijo dejar la puerta cerrada. No puedo culpar a mi personalidad, a la reacción de mi cónyuge o ninguna otra cosa. Si vivo dentro de mí mismo, lo hago porque esa fue mi elección, que es una desobediencia deliberada al mandamiento de Dios en pos de la unidad entre los integrantes de los matrimonios. El matrimonio no puede alcanzar su ideal, a menos que ambos miembros elijan comunicarse.

Más que "bien"

Si tenemos problemas para comunicarnos profundamente con nuestros cónyuges, la manera más sencilla es hablar de los acontecimientos que nos ocurren cada día en nuestra vida, después pasaríamos a los niveles más profundos de la comunicación. Los que somos padres hemos tenido la experiencia de nuestros hijos al llegar a casa de algún acontecimiento, un viaje, digamos, o algún programa de la iglesia y respondernos "bien" a nuestra pregunta de: "¿Cómo te fue?" (¡O en ocasiones la respuesta es: "No sé"!)

Con frecuencia esperamos y con el tiempo ellos deciden contarnos "cómo les fue". O les hacemos preguntas amables diseñadas a extraerles algo más que monosílabos.

¿Cómo podemos lograr esto en nuestro matrimonio si no somos buenos al respecto? Mi sugerencia a las parejas jóvenes y a otros que

55

han acarreado problemas con dicho nivel de comunicación es que "hagan lo imposible" durante algunas semanas para comunicar todos los detalles: "Bien, mi amor, me subí al auto y conduje hasta la señal de pare, doblé a la izquierda, ... Al llegar a la oficina, colgué el abrigo detrás de la puerta..." Por supuesto que estoy hablando en hipérbole pero usted entiende a lo que me refiero. Relate con sumo detalle las cosas que suceden en su vida. Después de un par de días así, será capaz de mencionar solo los acontecimientos más importantes del día. Y aun más importante, puede comenzar a expresar sus sentimientos o sencillamente hablar de lo "sucedido". El proceso de compartir de esa manera traerá a su cónyuge una nueva sensación de unidad. Él o ella comenzará a sentirse parte de lo que usted hace.

También ayuda que cada uno de los cónyuges visite el centro de trabajo de la pareja, si ambos trabajan. Partiendo de una imagen visual de su entorno de trabajo, le será más sencillo a su cónyuge identificarse con su mundo. Preséntese cada uno a sus compañeros de trabajo más cercanos, para que cuando llegue a casa y diga: "Kevin estaba de mal humor hoy", su pareja tenga una imagen mental de Kevin y de su apariencia cuando tiene un mal día.

Un segundo nivel de comunicación es el referente a la solución de problemas o la toma de decisiones. Como se destina un capítulo por completo al proceso de toma de decisiones, no analizaré dicho nivel de comunicación excepto para decir que usualmente es el primer punto de conflicto en los matrimonios.

Cuando la tensión aumenta

El tercer nivel de comunicación lo constituye el comunicarse cuando "la tensión aumenta". Cuando la temperatura emocional aumenta, la razón va en decline, los sentimientos ascienden al trono y surge el caos. ¿Cómo evitamos el caos y extraemos unidad de esos momentos de tensión?

En un caluroso agosto hace muchos años, mi futura esposa y yo visitamos al ministro que iba a realizar nuestro casamiento. Cenamos bajo un antiguo roble y el ministro nos dio el siguiente consejo, que jamás he olvidado: "Cuando estén enfadados, altérnense para hablar". Continuó explicando que debía hacer uso de tres a cinco minutos para plantear mis ideas sobre el asunto mientras mi esposa permanecía en silencio (no se permite interrumpir). Después, ella dispondría de tres a cinco minutos para exponer su comprensión del asunto. Dicho proceso continuaría el tiempo que fuera necesario.

Aquel día caluroso de agosto, no imaginé que jamás tendría que poner en práctica tal estrategia con la esposa perfecta que Dios me había concedido. ¿Por qué me pondría tan molesto con ella? Aquella pregunta fue pronto respondida y me convertí en experto en "alternarme". Le he sugerido lo mismo a cientos de parejas desde entonces. Alternarse no resuelve el problema pero disipa la tensión de manera que pueden centrarse en el problema.

Pautas para alternarse

Permítame sugerir otras pautas para alternarse. Cuando su pareja esté hablando, usted debe escuchar. Uno de los grandes descubrimientos de la comunicación es el asombroso poder de quien escucha. La mayoría de nosotros nunca hemos alcanzado nuestra potencialidad como oyentes. Santiago dijo: "todo hombre sea pronto para oír" (Stg. 1:19). Hablar es de escaso valor a menos que alguien esté escuchando. Cuando su cónyuge esté hablando, es su turno de escuchar. No se siente a cargar de nuevo sus armas. Usted no se puede concentrar en lo que ella le está diciendo si está alistando sus propias fuerzas. Sus ideas regresarán nuevamente cuando sea su turno. No se preocupe por sus ideas. Concéntrese en las de su compañera.

Escuche los hechos y los sentimientos que se expresan. A la luz de lo que ella dice, trate de entender como ella llegó a verlo de esa manera. Si puede entender, entonces una declaración en ese sentido pudiera ser una poderosa medicina. "Puedo entender por qué te sientes de esa manera. De veras que sí. Déjame explicarte mi proceder según lo veo yo". Entonces tome su turno de presentar la manera en que se veían las cosas desde su ventajosa posición. Cuando esté verdaderamente equivocado, admita su equivocación, como ya hemos tratado. La racionalización carece de valor.

Pregúntese a sí mismo: "¿Qué necesidades tiene mi cónyuge que yo no estoy supliendo?" Su susceptibilidad puede deberse a que usted no ha hecho ciertas tareas que ella le ha estado pidiendo hacer hace días. (Tareas que puede que no sean importantes para usted pero que para ella sí lo son.)

"Nos tomó largo tiempo a mi esposo y a mí llegar a un acuerdo sobre esto", dijo una esposa hace poco. "Pequeños detalles como sacar los periódicos viejos al garaje para reciclarlos y que no se amontonen por toda la casa no representan gran cosa para él pero para mí sí, porque no soporto el desorden. Se puede decir que me molesta verlo. Por último dije: 'Mira, cariño. Es importante para mí y como tú me amas, lo harás. No es algo difícil de hacer, ni exige mucho tiempo, ni es caro. Así que...' No creo que él lo haya visto nunca antes de esa manera.

"O él necesita que no lo interrumpan, y yo tiendo a interrumpirlo porque él se demora para organizar sus ideas (al igual que muchas personas, en realidad). Una vez más, a mí no me molesta que me interrumpan. Para mí no es gran cosa; Puedo empatarlo donde lo dejé. Me gustan los intercambios animados. Pero para él es una falta de respeto. Estoy tratando de trabajar en eso, porque tiene importancia para él".

El amor es considerado. ¿Qué puede hacer al respecto? Usted tiene la potencialidad para suplir las necesidades de su pareja. Si acepta esto como su meta, estará siguiendo la exhortación bíblica de Filipenses 2:3-4: "Nada hagáis por contienda o por vanagloria; antes bien con humildad, estimando cada uno a los demás como superiores a él mismo; no mirando cada uno por lo suyo propio, sino cada cual también por lo de los otros".

Vencer las barreras de la comunicación

La imagen de unidad matrimonial es hermosa pero la creación de semejante retrato es otra cuestión. Requiere de su mayor creatividad y energías pero pocas cosas en la vida son más gratificantes. Puesto que hay frecuentes barreras a la comunicación, quisiera darle sugerencias prácticas que pudieran referirse a su propio problema.

"No son francos". Sin duda, la queja más frecuente que escucho de las parejas en dificultades es que uno de los miembros se rehúsa a hablar significativamente. La mayoría de las veces es el esposo el que se mantiene callado. Sería injusto, sin embargo, transmitir la idea de que esta es una característica exclusiva de los varones. Muchas mujeres también encuentran más cómodo descorrer las cortinas del alma. Déjeme decir en primer lugar que esta tendencia de quedarse con las cosas adentro no debe ser vista como un trastorno mental. He conocido esposos que han reconocido su propia reticencia a abrirle sus corazones a alguien, incluidas sus esposas y que han permitido que el problema los lleve a la depresión y a la privación de sí mismo. Su conclusión ha sido que están incorregiblemente enfermos mentalmente. Tal no es el caso.

Todos tenemos fortalezas y debilidades en nuestras personalidades. Aunque no podemos corregir el pasado, somos dueños del futuro. A lo largo de la infancia, por alguna razón, hemos desarrollado una personalidad retraída, dirigida hacia adentro pero eso no significa que no podamos aprender a abrir nuestras vidas y experimentar la alegría de la unidad con nuestras parejas. Cualquier patrón que se haya desarrollado puede también ser alterado. Nos queda decidir si la unidad matrimonial vale el sacrificio de la alteración. (Y yo le aseguro que lo vale.)

Un paso para comenzar la comunicación es tratar el problema con su cónyuge. Siéntese con ella en un ambiente acogedor y con sus propias palabras dígale: "Mi amor, sé que la unidad de nuestro matrimonio no es lo que pudiera ser. También sé que uno de nuestros grandes problemas es mi reticencia a conversar contigo. Me quedo con las cosas por dentro; Me es difícil expresar lo que realmente pienso o siento. Sé que esto te pone las cosas muy difíciles porque no puedes leerme la mente. Realmente quiero mejorar en esta área. Estoy pidiendo tu ayuda. No estoy seguro de qué puedas hacer para ayudarme pero tal vez tú tengas algunas ideas". Dé a su pareja la oportunidad de responder. Tal vez ella sí tenga algunas ideas.

Como dijo un esposo: "Por favor, no dejes de hacerme preguntas solamente porque yo doy respuestas cortas. En realidad quiero decir más, pero sencillamente no puedo soltarlo todo con la primera pregunta".

Continúe diciéndole algunas de las cosas que usted cree que le dificultan expresarse. Dígale que cuando ella insiste en que usted "hable más", solamente le hace más difícil comenzar. Tal vez ella pudiera hacerle preguntas sobre temas en específico. Como dijo un esposo: "Por favor, no dejes de hacerme preguntas solamente porque yo doy respuestas cortas. En realidad quiero decir más, pero sencillamente no puedo soltarlo todo con la primera pregunta. Sigue preguntándome y es de esperar que seguiré hablando".

Tal vez su cónyuge pueda ayudarlo pidiéndole consejo de cuando en cuando. La mayoría de nosotros habla más fácilmente si alguien le pide algún consejo en específico, especialmente si creemos que la persona realmente lo quiere. Tal vez, también, si él o ella desarrollaran algún interés en su vocación o en sus aficiones, tendrían algo más en común para hablar. Lean una revista informativa, vean juntos un canal para el mejoramiento del hogar, hagan un curso en una escuela nocturna. Si mejora la unidad, es tiempo y dinero bien invertidos.

Los problemas pueden ser más profundos que estos, sin embargo. Tal vez haya una herida del pasado que necesita sanar. Si aún está en su mente, necesita abrirse para que su pareja tenga la oportunidad de corregirla. Ningún fracaso merece una vida entera de desdicha. Usted tiene que estar dispuesto a confesar y perdonar. Si tiene dificultades para expresar con palabras el problema, entonces escríbalo en una carta y pídale que la lea en su presencia. Entonces traten el asunto. Algunas veces uno puede decir por escrito lo que tiene dificultades para expresar en voz alta.

Tal vez, también, su pareja pudiera ayudar analizando su propio flujo de conversación. Quizás está hablando tanto que usted no tiene oportunidad. Muchas esposas y esposos hacen una pregunta y luego proceden a contestarla. El otro cónyuge se siente innecesario. Algunos podrían beneficiarse grandemente aplicando el consejo de Santiago: "todo hombre sea pronto para oír, tardo para hablar" (Stg. 1:19). Usted habrá escuchado la historia de la niñita que estaba escribiendo una composición sobre Abraham Lincoln. Ella le pidió ayuda a su madre y esta, sabiendo que su esposo era un conocedor de la Guerra Civil, le dijo: "Pregúntale a tu papá". La niña le respondió: "Yo no quiero saber tanto".

Si usted cree que debatir sobre otros temas ayudará a la comunicación, confíe en el otro admitiendo su problema y buscando ayuda, así que cualquier sugerencia debería considerarse. Después de todo, su debate es sobre comunicación. Quizás usted no ha visto satisfechas sus necesidades sexuales y ha desarrollado una actitud muy negativa hacia su pareja. Usted nunca lo ha tratado pero esto puede ser una barrera real para su comunicación en otras áreas. Este es el momento de hablar sobre ello. No puede hacer daño. Pudiera ayudar.

Quisiera sugerirle, como conclusión a esta conversación sobre sus problemas de comunicación, que se unieran en oración. Usted puede ser o no capaz de orar en voz alta pero ciertamente puede orar en silencio. Si va a ser una oración en silencio, entonces pónganse de acuerdo para tomarse de la mano mientras oran y dicen: "Amén", cuando terminen.

"Tengo mal carácter". La ira no controlada es ciertamente una barrera para la comunicación. Es difícil si no imposible comunicarse cuando uno está enojado. La capacidad de enojarse, sin embargo, no debe ser vista como algo malo. Es la emoción del enojo contra la injusticia y la desigualdad la que conlleva a las reformas sociales. Jesús mismo estuvo enojado en ocasiones (Mr. 3:5).

La mayor parte de nuestra ira, sin embargo, no surge de la preocupación por la rectitud sino de un corazón egocéntrico. Alguien nos rozó de una forma que no nos gustó o no pudimos hacer lo que queríamos. Tal ira es condenada en las Escrituras (Ef. 4:31). Incluso una ira justa puede fácilmente conducir a acciones equivocadas. Por tanto, Pablo nos advierte en Efesios 4:26: "Airaos, pero no pequéis". No debemos permitir que la ira nos controle y nos conduzca a acciones equivocadas.

La emoción de la ira puede estar más allá de nuestro control pero nuestras acciones en respuesta de la ira no. Tenemos la facultad de controlar la ira en vez de ser controlados por ella. No podemos justificar legítimamente una conducta impulsiva diciendo simplemente: "Tengo mal carácter". Todos tenemos nuestro carácter y todos tenemos la responsabilidad de enfrentarnos a él.

En conflictos matrimoniales, ¿cómo voy entonces a controlar mi ira? Sugiero la simple técnica de retirarse para hacer una evaluación. Cuando sienta que la ira aparece (todos tenemos conciencia de lo que nos sucede), en ese momento dispóngase a controlarla. Una simple declaración como: "Mi amor, siento que me estoy enojando. Yo no quiero enojarme y sé que tú no quieres que me enoje. Así que vamos a parar de discutir esto hasta que pueda controlar mis sentimientos". (No estoy hablando de días, sino tal vez minutos o a lo sumo unas pocas horas.) La exhortación bíblica es: "No se ponga el sol sobre vuestro enojo" (Ef. 4:26). Esto no es una evasión al conflicto, sino una retirada temporal con el propósito de controlar los sentimientos.

Después de retirarse de la fuente de acaloramiento, evalúe sus pensamientos, acciones y sentimientos con Dios. Nunca trate de hacer esto solo, o llegará a las conclusiones equivocadas: "Señor, ¿por qué me molesté tanto por este asunto?" Podría ser una oración apropiada. Admita y confiese motivos egoístas, actitudes equivocadas o cualquier otro fallo; primero ante Dios y luego a su pareja.

Con los ánimos calmados, regrese a discutir el problema, quizás utilizando el método de turnarse antes mencionado. Hay soluciones para todos los problemas. Dejarse llevar por su ira con palabras duras y cortantes o abuso físico solo complica el problema. Nunca lo resuelve.

La ira bien puede revelar un aspecto de su relación que necesita ser atendido. Si usted responde de manera constructiva, puede estimular el crecimiento de la unidad. Sin embargo, si usted permite que la ira lo controle, esto conducirá a la separación, no a la unidad. La ira siempre separa. Controlar la ira bien puede hacerlos más unidos.

"Qué egoísta es". "Pero qué egoísta es mi esposo", dice alguien. "Aun cuando sí se comunica, lo hace para exigir que se haga su voluntad. Yo siempre estoy equivocada. 'Siéntate y déjame decirte cómo van a ser las cosas' es su idea de lo que debe ser la comunicación".

El egoísmo es la barrera más grande para la unidad y todos padecemos de esta enfermedad. Somos nuestros peores enemigos para alcanzar la unidad matrimonial. Por naturaleza nos inclinamos hacia la dirección opuesta: "Mi lado siempre me parece el correcto. De otro modo, no sería mi lado. No pensará que escogería el lado equivocado, ¿verdad?"

Es el conocimiento de la naturaleza humana lo que nos ayudará en este punto. Reconocer este punto débil nos ayudará a evaluar cada situación de manera más realista. Puedo anticipar que seré egoísta porque esa es mi naturaleza. Pero como cristiano, tengo una nueva naturaleza: La muy genuina presencia del Espíritu Santo en mi vida. Por tanto, tengo una opción. No tengo que doblegarme ante mi antigua naturaleza egoísta. Tengo la opción de cooperar con el Espíritu Santo y no ser egoísta.

Lo opuesto del egoísmo es el amor, el amor bíblico, el cual es altruista e incondicional. Este es el regalo más grande que puedo ofrecer a mi pareja. Pero no soy libre de ofrecer tal amor hasta que haya decidido en contra del egoísmo. La decisión es mía.

Es cierto que usted no puede combatir el egoísmo de su pareja. Usted solo puede combatir contra el suyo. Si combate contra el suyo, sin embargo, le está dando a su pareja un modelo a imitar. (La mayoría de nosotros respondería positivamente a un modelo de amor.) Cuando usted ya no combate contra el egoísmo de su pareja, está libre para concentrarse en derrotar su propio egoísmo.

"No quiero hacerle daño". Muchos esposos y esposas han renunciado a expresarse porque no quieren hacerle daño a su pareja.

Creen que si son honestos, eso sería más de lo que su pareja podría soportar. Por tanto, se contentan con vivir con una unidad limitada antes que escindir la relación. El interés es válido y la mayoría de nosotros ha sentido esta tensión en uno u otro momento. Pero no podemos mejorar y madurar en nuestra relación sin tomar responsabilidades de adultos (las cuales a veces constituyen un reto).

No estoy diciendo que usted debe atacar a su pareja con toda su dramática historia treinta minutos antes de la cena un viernes por la noche. El momento y el lugar deben ser seleccionados cuidadosamente. Está también el principio de comunicación constructiva frente a la explosión destructiva. Romanos 14:19 nos sugiere: "Así que, sigamos lo que contribuye a la paz y a la mutua edificación". La palabra edificar, como hemos visto, significa "fortalecer". Su objetivo debe estar bien claro en su mente: Fortalecer a su pareja, "el amor edifica" (1 Co. 8:1).

No estoy incitándolo a vaciar su basura negativa en la cabeza de su pareja en nombre de la honestidad. El plan cristiano es seguir la verdad en amor (Ef. 4:15) y el amor edifica. Nosotros seguimos la verdad pero buscamos decirla de manera tal que fortalezca, no que destruya.

Una buena pregunta que hacerse es: "¿Cuál es el motivo de decir esto?" ¿Está saliendo de un corazón lleno de resentimiento que quiere mostrarse vengativo? Entonces está mal y los alejará en vez de unirlos. Todos tenemos pensamientos y sentimientos negativos hacia nuestras parejas en determinados momentos. La honestidad no nos obliga a expresar todos estos sentimientos. Debemos dejar que estos sentimientos pasen por el filtro de la "edificación". Si salen como bloques de construcción, ¡excelente! ¡Exprésalos! Si salen como bombas, entonces desactívalas antes de que destruyan aquello que usted más desea.

Habiendo dicho esto, quisiera recordarle que ciertos aspectos de fortalecer a otro son dolorosos. El mejoramiento personal no se consigue sin dolor. Y el verdadero amor estimula el mejoramiento incluso si este debe ir acompañado de dolor. Nadie disfruta el dolor y su pareja probablemente no se sentirá alegre con su expresión de la verdad; pero si tal dolor puede llevar al mejoramiento, entonces vale la pena. La cirugía nunca es un pensamiento agradable pero el resultado puede ser la propia vida. Todos necesitamos cirugía emocional, social y espiritual por el camino y nuestra pareja bien puede ser el cirujano escogido.

Ciertamente usted deseará expresar sus propias desilusiones y frustraciones. Uno no está siempre feliz o satisfecho. Un matrimonio maduro proporcionará tolerancia aun cuando la pareja esté "enfadada". Ese nunca es momento para críticas, sino más bien para aceptación y comprensión.

Nunca utilice "la honestidad" como una licencia para vaciar toda su infelicidad y culpar de ella a su pareja. Recuerde, la felicidad o infelicidad es un estado mental que usted mismo escoge. Puede ser ayudado o dificultado por la actitud o las acciones de su pareja, pero la decisión es suya.

Al mismo tiempo, usted no debe ser sobreprotector con su pareja. Lo que su pareja necesita no es otro padre o madre sino un compañero completo que la ame lo suficiente como para decirle la verdad en amor.

Lo que su pareja necesita no es otro padre o madre sino un compañero completo que la ame lo suficiente como para decirle la verdad en amor.

Pondere su medicamento cuidadosamente. No se pase en la dosis. Nadie puede hacer frente a todas nuestras debilidades el mismo día. El medicamento debe tomarse a intervalos regulares, no todo de una vez. Encuentre el mejor momento. Nunca cuando uno tiene hambre, o es tarde en la noche. Pregúntele a su pareja si cree que podría aceptar una pequeña crítica constructiva. No se la haga a menos que esté lista. Asegúrese que su crítica es algo a lo cual su pareja puede responder positivamente.

Acompañe su crítica de cumplidos. El modelo bíblico para la crítica se encuentra en Apocalipsis 2:2–4. Cristo dijo a la iglesia de Éfeso: "Yo conozco tus obras... tu arduo trabajo... y paciencia... Pero tengo contra ti..." Y entonces procedió a hacerle una crítica.

Tres cumplidos, una crítica es el modelo. Ayuda si los cumplidos se refieren a la misma área de la crítica. Incluso antes de hacer los cumplidos, espera a ser invitado a afrontar el tema. Por ejemplo, digamos que mi esposa quiere criticarme por dejar pelos en el lavamanos. Ella podría comenzar diciéndome: "Cariño, ¿crees que podrías aceptar una crítica constructiva esta noche?" Ahora ella me ha dado la opción de decir "sí" o "no". Si digo que no, casi puedo garantizarle que regresaré en menos de una hora a decirle: "Sobre esa crítica, ¿de qué se trata? Me muero por saberlo". Y ella dice: "No, puedo esperar hasta mañana o incluso la semana que viene. Tú dime cuándo estés listo". Yo probablemente responda: "Creo que ya me siento mejor".

Entonces ella comienza (con los cumplidos): "Antes de hacer mi demanda, déjame decirte algunas cosas que me gustan de ti. En primer lugar, agradezco que siempre cuelgues tu ropa en el lugar debido. He conversado con otras mujeres que dicen que sus esposos dejan la ropa tirada por toda la casa. Tú nunca has hecho eso. Supongo que tu madre te enseñó. No lo sé pero me agrada. En segundo lugar, te agradezco que me quitaras los insectos del parabrisas anoche. Me agrada cuando me quitas los insectos del parabrisas. Y en tercer lugar, quiero que sepas lo mucho que agradezco que pases la aspiradora los jueves por la noche. Cuando pasas la aspiradora, me siento como en el paraíso. Lo que te estoy diciendo es 'que me gustas mucho' y hay una cosa que, si la cambiaras, me haría incluso más feliz".

Para ese momento, ella tiene toda mi atención y como yo me siento apreciado por ella, estoy dispuesto a responder a su sugerencia. Así que ella dice: "Cuando entro al baño y encuentro cabellos por todo el lavamanos, eso me irrita mucho. Así que, si es posible, quisiera pedirte que antes de salir del baño, dejes el lavamanos libre de cabellos".

He de confesar que esta conversación no es ficción y que soy el mejor limpiador de lavamanos que existe.

Los cumplidos me dan la seguridad de que no soy un fracaso. En esencia, estoy haciendo un buen trabajo, así que me siento motivado a continuar mejorando. Sin embargo, si usted me hace la crítica sin los cumplidos, yo probablemente me dé por vencido: "¡Hago todo lo que puedo por complacerlo(a) y mira lo que consigo! ¡Otra crítica! ¡Me rindo!" Estos probablemente serán mis pensamientos.

"Sé que me falta confianza en mí mismo". Muchos de nosotros luchamos contra prolongados y profundamente arraigados sentimientos de incompetencia. (Aun cuando en la superficie podamos parecer seguros y competentes.) Miramos atrás viendo una cadena de fracasos y encontramos difícil recordar nuestros éxitos. Nos sentimos amenazados a cada encuentro social. Por tanto, cuando llegamos al matrimonio, se nos hace difícil expresar nuestras ideas por temor a más rechazo y fracaso. James Dobson observó que: "La falta de autoestima provoca más síntomas de trastornos psiquiátricos que cualquier otro factor que se haya identificado".[1] Él apunta que el sistema de valores de nuestra cultura exalta la belleza, la inteligencia y la capacidad atlética.[2] Si hemos fracasado en estas tres áreas (la mayor parte de las cuales están más allá de nuestro control), entonces nos vemos a nosotros mismos como fracasados.

Sin embargo, su autopercepción puede estar equivocada. Así que usted no es ni un supermodelo ni un graduado de Stanford ni es capaz de hacer un hoyo de un golpe como Tiger Woods. ¿Dónde lo ubica eso? Lo ubica junto al resto de nosotros simples mortales hechos a semejanza de Dios. Cientos a su alrededor han luchado contra esos mismos sentimientos de incompetencia y han vencido. Usted también puede.

Sin duda, usted tiene debilidades. Sin duda, usted ha fracasado. Pero usted también tiene fortalezas y puede tener éxito en muchas cosas. Puede que no sea capaz de aprobar el examen de ingreso para la escuela de medicina pero sabe cómo mantener un sitio en la red informática listo y funcionando. Puede que usted no tenga el cuerpo de un modelo pero es sociable y simpático y tiene gran talento artístico. Sus aptitudes no son las mismas de otros, ni tienen por qué serlo. Dios no administra una fábrica de galletas donde todos salimos luciendo igual. La suya es una fábrica de copos de nieve, notables por su variedad.

67

Sea lo mejor que pueda bajo la guía de Dios. Aproveche sus facultades; no se preocupe por aquellas cosas que están más allá de su control. Usted es una persona que vale porque está hecha a semejanza de Dios. Su valía no está determinada por las cosas que ha hecho o dejado de hacer. Usted puede lograr importantes metas. No deje que sus sentimientos lo maltraten. Admita sus sentimientos de incapacidad ante Dios pero déle gracias por poder decir: "Todo lo puedo en Cristo que me fortalece" (Fil. 4:13).

¿Cómo puede un cónyuge ayudar a su pareja con baja autoestima? Animándolo a aceptar el pasado y a concentrarse en el futuro y asegurándole su amor y atención. De eso es que se trata el matrimonio. Uno no tiene que llevar sus cargas solo (Gá. 6:2). James Dobson ofrece una conmovedora escena de tal estímulo conyugal:

> La vida ha sido dura y tú has tenido tu parte de sufrimiento. Hasta este momento, has enfrentado tus problemas sin mucho apoyo humano y ha habido momentos en los que tu desesperación ha sido abrumadora. Permíteme, ahora, darte a conocer esa carga. Desde este momento en adelante, me interesas como persona: Mereces y tendrás mi respeto. Lo mejor posible, quiero que dejes de preocuparte por tus problemas. En vez de eso, confíamelos. Nos concentraremos en el presente y en el futuro y juntos buscaremos las soluciones apropiadas.[3]

Cuando un cónyuge hace tal declaración a su pareja, él o ella le está transmitiendo aceptación, amor, comprensión, ánimo y guía. Está llamando a una actitud positiva en vez de desesperación. Esta es siempre la actitud para el mejoramiento.

A modo de conclusión

La comunicación sana y significativa no es un lujo; es una necesidad. No puede haber unidad sin tal comunicación. Las barreras de la comunicación son imponentes pero no insuperables. La clave está en su propia voluntad de comunicarse. Motivado con la visión de la unidad en el matrimonio, usted debe decidir comunicarse a pesar de sus emociones y fracasos pasados. El proceso no carecerá de dolor pero es que el mejoramiento se vale del dolor. ¡Las siguientes sugerencias fueron diseñadas para ayudarle, si lo desea!

AHORA LE CORRESPONDE A USTED

Mire su propio matrimonio y pregúntese honestamente: "¿Estoy satisfecho con el grado de comunicación que hemos alcanzado?" (Si no lo está, siga leyendo.)

1. *Anote las áreas en las que crea que se necesita más comunicación en su matrimonio.*

2. *¿Quién es el más conversador en su matrimonio?*

3. *Si encuentra muy difícil comunicarle sus pensamientos y sentimientos a su pareja, considere la posibilidad de una discusión abierta como se sugiere en la sección titulada: "Mi pareja no quiere hablar". (Ciertamente será difícil al comienzo pero como dice un antiguo pensamiento chino: "Un viaje de mil kilómetros comienza con el primer paso".)*

4. *Vuelva a leer cada sección de este capítulo y anote después de cada sección formas mediante las cuáles usted cree que pueda contribuir al mejoramiento de la comunicación con su pareja. Trate de ponerlas en práctica regularmente.*

5. *Lea cada sección en voz alta con su pareja y hable de lo que crea relacionado con usted en esa sección en particular. (No mencione lo que crea que se relaciona con su pareja a menos que ella le pida hacerlo.)*

6. *Pregúntele a su pareja si le gustaría que usted la ayudara en algún área de la comunicación. (No insista en el asunto.)*

¿Quién se encarga de cada cosa?

AMY Y DANY acaban de regresar de su luna de miel en Maui. Ambos han regresado al trabajo y están emocionados con su primera noche juntos en su nuevo apartamento. Amy llega a casa treinta minutos antes que Dany y después de revisar la máquina contestadora y el correo, decide comenzar a hacer la cena (¡la primera como una mujer casada!) Antes de que ella hubiera cortado las cebollas, entra Dany por la puerta, va directo a la cocina y la alza en un cálido abrazo y un beso apasionado. Antes de que ella se haya recobrado, él está sentado en la computadora, jugando.

Cuando la cena está lista, Amy lo llama y él se vuelve con una gran sonrisa y dice: "¡Vaya, eso sí que huele bien!" Una cantidad normal de charla le sigue, principalmente relacionadas con diversos comentarios de amigos de la oficina y termina la cena. Dany se excusa y se va corriendo a ver un partido de baloncesto de la Liga Nacional, mientras Amy procede a recoger la mesa y lavar los platos. Más tarde se reúnen y tienen una noche de ternura.

La noche siguiente el procedimiento es muy parecido al arriba descrito. La tercera noche nos trae el acto III (el mismo que el acto I y el II). Para este momento, Amy está maravillada con Dany, quien evidentemente está hablando por teléfono con su hermano sobre las posibilidades del equipo de Carolina del Norte este año. Cuando él cuelga, ella está lista y descarga.

Dany está boquiabierto. ¿Qué fue lo que hizo mal? "Pero a ti te gusta cocinar" protesta. "Siempre has dicho eso. Tú me cocinabas cuando éramos novios". Lo que Dany no agrega es que su madre, una ama de casa a tiempo completo, siempre se encargó de la cocina (y de todo lo demás dentro de la casa), mientras su padre se retiraba a su estudio.

Y lo que Amy no agrega es que cuando ella estaba creciendo, su padre, un ilustrador que trabajaba en casa, compartía muchas tareas hogareñas con su madre, una gerente de ventas al por menor. Ni ella ni Dany podían articular estas expectativas totalmente. Es simplemente lo que observaron mientras crecían. Por lo tanto, cada uno de ellos tenía la tácita suposición de que este era la manera "correcta" de hacer las cosas.

Amy y Dan están demostrando lo que sucede en la mayoría de los hogares en algún momento durante los tres primeros meses del matrimonio, cuando la pareja se da cuenta de que nunca se han puesto de acuerdo para responder esa pregunta de suma importancia: "¿Cómo distribuir las tareas del hogar?" Incluso en el mundo de hoy, en algún momento alguien tiene que limpiar después de otro. Alguien tiene que asegurarse de pagar el alquiler. En interés de vivir ordenadamente, la vida se lleva más fácilmente si cada cónyuge se hace cargo de determinadas tareas previamente acordadas, en vez de tener que renegociar interminablemente: Esta semana yo hago las compras si tú pagas las cuentas. Las generaciones pasadas tendían a dividir las responsabilidades muy tradicionalmente pero a medida que la mujer va formando parte de la población activa en creciente número y la sociedad cambia, la imagen de papá leyendo el periódico mientras mamá pasa la aspiradora bajo sus pies desapareció junto al televisor en blanco y negro.

Revisar algunas suposiciones

Incluso hoy día, la mayor parte de nosotros va con ciertas suposiciones a la "mesa" del matrimonio: Los hombres (así lo damos por sentado) arreglan las cosas, matan los insectos, asan a la parrilla y se encargan de todo lo que tiene que ver con autos o basura. Las mujeres (independientemente de sí trabajan o no) mantienen la casa atractiva, haciendo las cosas pequeñas como pasarle un paño a la cocina, asegurarse que haya jabón en el baño y haciendo las cosas grandes como tomar las decisiones finales sobre la decoración. Las mujeres también llevan el horario de la familia, se encargan de los arreglos sociales y saben dónde deben estar los niños y a qué hora.

¿Cómo, entonces, revisar estas suposiciones? Muchos conflictos pudieran eliminarse si la pareja tomara un tiempo antes del matrimonio para discutir y llegar a un acuerdo acerca de las responsabilidades. Comúnmente, el problema no es la incapacidad para ponerse de acuerdo sobre las responsabilidades, sino más bien el no hablar siquiera el asunto. Pero incluso los matrimonios de años pueden beneficiarse de una revisión periódica, evaluando si su forma de dividirse las tareas del hogar funciona (¡o incluso si es realmente necesario realizar una determinada tarea!).

Regresemos primero a nuestra idea de unidad en el matrimonio y al propósito de Dios.

El equipo Adán y Eva

En el principio mismo, Dios le dio a Adán y Eva un objetivo: "Y los bendijo Dios, y les dijo: Fructificad y multiplicaos; llenad la tierra, y sojuzgadla. Y señoread en los peces del mar, en las aves de los cielos, y en todas las bestias que se mueven sobre la tierra" (Gn. 1:28).

Ambos, marido y mujer, tenían trabajo que hacer. Fueron llamados por Dios a reproducirse físicamente y a sojuzgar, o ejercer dominio, sobre la tierra y todas sus criaturas. Ambos tomarían parte en el cumplimiento del objetivo pero evidentemente ambos no podían desempeñar el mismo papel. Físicamente, la mujer sería la que llevaría al niño pero en este proceso el hombre desempeñaría un papel vital. El modelo de Dios es la unidad. El plan de Dios es siempre que el hombre y la mujer trabajen en equipo. El nacimiento físico demanda tal trabajo en equipo y es un modelo para todo en la vida.

Así como la reproducción física requiere de la cooperación entre el hombre y la mujer, cada uno jugando un papel diferente pero necesario y ambos trabajando juntos como uno solo, en todas las demás áreas el modelo será de variables responsabilidades pero unidad de propósito. Los jugadores de un equipo deportivo no tienen todos la misma tarea pero sí tienen el mismo objetivo. Por lo tanto, el hombre y la mujer no desempeñan roles idénticos pero trabajan por un objetivo común como un equipo constituido por Dios.

Una alusión a la diversidad de roles para Adán y Eva puede verse en Génesis 3, donde Dios pronuncia un juicio sobre ellos por su pecado:

> A la mujer dijo: Multiplicaré en gran manera los dolores en tus preñeces; con dolor darás a luz los hijos; y tu deseo será para tu marido, y él se enseñoreará de ti. Y al hombre dijo: Por cuanto obedeciste a la voz de tu mujer, y comiste del árbol de que te mandé diciendo: No comerás de él; maldita será la tierra por tu causa; con dolor comerás de ella todos los días de tu vida. Espinos y cardos te producirá, y comerás plantas del campo. Con el sudor de tu rostro comerás el pan hasta que vuelvas a la tierra, porque de ella fuiste tomado; pues polvo eres, y al polvo volverás. (Gn. 3:16–19)

El juicio de Dios para Eva estuvo relacionado con el dolor del parto. El parto era ciertamente un papel exclusivo de Eva. Este juicio no afectó al papel del hombre en el proceso reproductivo. Cuando Dios lanzó un juicio específico sobre Adán, escogió la tierra, puesto que Adán era un agricultor. Espinos y cardos harían el proceso de cultivo más difícil.

Ambos juicios se erigirían como permanente recordatorio de los resultados del pecado y cada juicio fue hecho a la medida. Esto es, el juicio de Eva se aplicaba en el papel que era exclusivamente suyo y el juicio de Adán lo encaraba cada día en los campos mientras él realizaba su principal responsabilidad de proveer alimento para su familia.

Si Eva cumplía su papel en alcanzar el objetivo de Dios ("Fructificad y multiplicaos"), entonces evidentemente no podría labrar los campos. Como el papel de Adán en la reproducción era diferente, era libre de concentrar sus energías en el segundo aspecto del objetivo de Dios, el de sojuzgar la tierra y señorear sobre otras criaturas. Por tanto, el énfasis estaba en la mujer como encargada de la maternidad y el hombre como proveedor.

No debemos pensar en estos roles como si fuesen compartimentos herméticos. Cualquiera que sepa algo sobre economía agraria sabe que la esposa del agricultor desempeña un papel fundamental en el éxito de una granja. De igual manera, Adán ciertamente tenía responsabilidades relacionadas con la crianza. El énfasis bíblico en la criaza siempre está en "los padres", no en "las madres". Lo que tenemos en este capítulo es una introducción a la idea de la variedad de responsabilidades dentro del matrimonio, con un énfasis en el trabajo en equipo para alcanzar los objetivos de Dios.

El trabajo, la familia y la toma de decisiones

Está entonces la famosa mujer de Proverbios 31, que todos conocemos:

> Mujer virtuosa, ¿quién la hallará? Porque su estima sobrepasa largamente a la de las piedras preciosas. El corazón de su marido está en ella confiado, y no carecerá de ganancias. Le da ella bien y no mal todos los días de su vida. Busca lana y lino, y con voluntad trabaja con sus manos. Es como nave de mercader; Trae su pan de lejos. Se levanta aun de noche y da comida a su familia y ración a sus criadas. Considera la heredad, y la compra, y planta viña del fruto de sus manos.

Ciñe de fuerza sus lomos, y esfuerza sus brazos. Ve que van bien sus negocios; Su lámpara no se apaga de noche. Aplica su mano al huso, y sus manos a la rueca. Alarga su mano al pobre, y extiende sus manos al menesteroso. No tiene temor de la nieve por su familia, porque toda su familia está vestida de ropas dobles. Ella se hace tapices. De lino fino y púrpura es su vestido. Su marido es conocido en las puertas, cuando se sienta con los ancianos de la tierra. Hace telas, y vende, y da cintas al mercader. Fuerza y honor son su vestidura; y se ríe de lo por venir. Abre su boca con sabiduría, y la ley de clemencia está en su lengua. Considera los caminos de su casa, y no come el pan de balde. Se levantan sus hijos y la llaman bienaventurada; y su marido también la alaba. (vv. 10-28)

Nadie puede leer este capítulo y llegar a la conclusión de que el papel de la mujer se limita a la maternidad. Aunque causa profunda impresión, para esta mujer, su "centro de gravedad" es el hogar. Ella se ocupa de numerosas y diversas actividades: Coser, cocinar, comprar campos, plantar viñedos, hacer y vender finos tejidos y cinturones, cuidar de los pobres y los necesitados y hablar con sabiduría y bondad. Esta esposa ciertamente contribuye económicamente con el hogar. Y todo esto directamente dirigido al bienestar de su familia: De su esposo (vv. 11-12); de sus hijos (vv. 15, 21, 27); y de ella misma (v. 22).

¿Los resultados de una vida así? "Se levantan sus hijos y la llaman bienaventurada; y su marido también la alaba". (v. 28).

Creo que esta es la imagen que Pablo tenía en mente cuando escribió que las ancianas debían instruir a las mujeres jóvenes a ser: "cuidadosas de su casa" (Tit. 2:5). Esto no significa que la esposa cristiana deba confinarse a sí misma a ninguna serie de tareas hogareñas en particular pero sí significa que su familia debe ser el centro de todas sus actividades. Al enfrentarse a la decisión de tomar una nueva responsabilidad, la pregunta debe ser siempre: ¿Cómo esto afectará a mi familia? ¿A mi esposo? ¿A mis hijos? ¿A mí misma? ¿A nuestra relación?

Es importante notar, sin embargo, que el modo en que estas convicciones se experimenten variará de familia a familia. Muchas mujeres que trabajan hacen sacrificios extraordinarios en este sentido, desde la profesional que opta por trabajar en casa por cuenta propia (a un costo considerable para los ingresos familiares), hasta la madre que llega a casa de noche después de un largo día y se pasa horas ayudando a sus hijos con las tareas, aplazando su propio descanso. A veces significa trabajar para que la familia pueda pagar escuelas cristianas para sus hijos. (Fíjese, además, que en el Nuevo Testamento también se hace referencia a mujeres "trabajadoras": Priscila, la hacedora de tiendas, a quién conocemos en Hechos y nuevamente en Romanos, 1 Corintios y 2 Timoteo; Lidia: "vendedora de púrpura" [Hch. 16:14]; y no olvide a las mujeres que, según se nos dice en Lucas 8, viajaban y contribuían financieramente con el ministerio de Jesús y los doce apóstoles.)

¿Y la responsabilidad del esposo? En 1 Timoteo 5:8 dice: "porque si alguno no provee para los suyos, y mayormente para los de su casa, ha negado la fe, y es peor que un incrédulo". En el contexto, este pasaje trata de la responsabilidad del hombre de cuidar de las viudas en su familia pero ciertamente, si se debe ocupar así de las viudas, tiene la misma responsabilidad para con su familia más inmediata.

Dios el proveedor

Jesús, por supuesto, casi invariablemente se refiere Dios a su Padre. Esta es su imagen de Dios como proveedor:

> ¿Qué hombre hay de vosotros, que si su hijo le pide pan, le dará una piedra? ¿O si le pide un pescado, le dará una serpiente? Pues si vosotros, siendo malos, sabéis dar buenas dádivas a vuestros hijos, ¿cuánto más vuestro Padre que está en los cielos dará buenas cosas a los que le pidan? (Mt. 7:9-11)

Si usted quisiera describir el papel de Dios como Padre en una sola palabra, ¿qué palabra escogería? Yo escogería la palabra Proveedor.

Él nos ha provisto de todo lo necesario para la vida y la santidad (2 P. 1:3). No solo nos ha dado la vida, sino que sostiene esa vida y suple todas nuestras necesidades.

Eso no significa que la esposa no tome la iniciativa ni responsabilidades en proveer para la familia. Proverbios 31 disipa esa idea. El hombre y la mujer son un equipo y trabajan juntos pero el modelo bíblico es que el esposo tome la responsabilidad básica de suplir las necesidades físicas de su familia.

Esposa trabajadora, papá dedicado

Es cierto que hay familias en las que, por diversas razones, la esposa debe asumir el papel de principal sostén económico. Y, cada vez más en los últimos años, con los cambios en la economía y la desaparición de la estabilidad laboral, las mujeres han llenado el vacío salarial dejado por aquellos esposos que luchan contra el desempleo o el subempleo. Dios le dará fuerzas y gracia a esas esposas. No obstante, esa esposa deberá ayudar a su esposo a conocer su papel en la relación así como seguir respetándolo y alentándolo. Recuerde que el esposo y la esposa constituyen un equipo y todos los miembros de ese equipo deben tener una responsabilidad.

Así mismo, en los últimos años hemos adquirido una mayor conciencia de la importancia que tienen los padres dedicados y comprometidos y el costo que esto significa para la familia y la sociedad cuando eso no sucede. Uno de esos nuevos esposos recientemente reflexionó al respecto: "Cuando yo era niño, mi padre siempre estaba de viaje por su trabajo. No hacía nada en la casa y no participaba mucho en mi vida ni en la de mi hermano excepto cuando nos sacaba a pasear de vez en cuando, como al circo, por ejemplo. Me prometí a mí mismo que cuando creciera sería diferente con la familia que creara". Muchos hombres de su edad y más jóvenes tienen este mismo empeño.

El papel físico de la madre en la maternidad y la crianza es básico pero el niño también necesita de la relación afectiva del padre. El niño necesita a ambos padres; el padre debe preocuparse por el bienestar del niño tanto como la madre. La formación y educación de los niños no puede delegarse únicamente a la madre. Muchos padres cristianos han cometido este error fatal. El esposo y la esposa son miembros de un equipo y deben funcionar como compañeros de equipo.

En la sociedad urbana de hoy día, más del 50 por ciento de las esposas tienen empleos a tiempo completo fuera de los hogares. Antes de la llegada de los hijos, resulta relativamente fácil negociar lo que tanto el esposo como la esposa consideran que es una distribución equitativa de las responsabilidades. Mediante la aplicación de las aptitudes y los conocimientos individuales, deciden lo que hará cada uno de ellos. Ocasionalmente, optan por "ayudarse" mutuamente con las tareas asignadas y el amor fluye libremente entre los dos.

Sin embargo, cuando llegan los hijos, la mecánica es completamente distinta. Primero que todo, los niños requieren de grandes cuidados. Con excepción de las horas en que duermen, los niños deben estar bajo una vigilancia constante. Cada etapa de la niñez origina responsabilidades adicionales en la crianza de los hijos. ¿Cómo acoplamos todas esas responsabilidades a la perfecta organización que habíamos creado antes que llegaran los niños? La realidad es que no lo hacemos. Los niños requieren de un contrato de obligaciones completamente nuevo. Es hora de regresar a la mesa de trabajo y renegociar un convenio justo y equitativo que permita que los dos padres funcionen en equipo, utilizando sus capacidades para cumplir las tareas que ambos desean: Ser buenos padres, así como mantener un matrimonio saludable.

En busca del equilibrio

Hace poco pasé un tiempo con Juan y Elena, que tienen unos treinta y tantos años y tres hijos. Él es médico y ella es enfermera, aunque ella solo trabaja media jornada desde la llegada del primer hijo.

—¿Cómo afrontaron ustedes las responsabilidades de la crianza y el manejo de la casa? —le pregunté a él.

—A veces temo que no lo hacemos muy bien —dijo Juan con una sonrisa.

—Ahora nos va mejor que cuando teníamos un solo hijo —añadió Elena—. Nuestro primer hijo cambió nuestras vidas tan radicalmente que no lo podía creer. Había pensado volver al trabajo a tiempo completo cuando el niño cumpliera tres meses pero para ser sincera, creo que fue el instinto maternal, simplemente no podía marcharme y dejar a mi hijo atrás todas las mañanas. Entonces Juan y yo acordamos que trabajaría media jornada, aunque aún quedan muchos detalles por resolver. Cuando los niños estaban en edad preescolar, una persona venía a cuidarlos mientras no estábamos en casa. Ahora que van a la escuela, ajusto mi horario para estar en casa por la tarde cuando ellos llegan de la escuela.

"Juan ha sido maravilloso ayudando con todas las tareas que hay que hacer en la casa".

—Nunca pensé lavar la ropa o limpiar el inodoro —añadió Juan—. Pero tengo que reconocer que me da una gran satisfacción y yo sé que Elena realmente valora lo que yo hago.

—A veces hasta cocina, aunque solo sean cosas elementales —dijo Elena.

—¡Las hamburguesas y los perros calientes me quedan bastante buenos! —afirmó Juan—. La otra noche hice macarrones y me quedaron bastante bien.

"La tarea más difícil es hallar el tiempo para dedicárselo el uno al otro —continuó—. Queremos participar en la vida de nuestros hijos y creo que lo estamos haciendo bastante bien. Pero a veces nos percatamos de que no tenemos tiempo suficiente para nosotros dos. Lo intentamos y a veces tenemos que tomar decisiones difíciles. La semana pasada, por ejemplo, decliné participar en un congreso médico para poder pasar un fin de semana los dos juntos. Mis padres vinieron y cuidaron a los niños. Fue maravilloso poder disfrutar de tres días para nosotros dos solos".

El trabajo en equipo

Me quedó muy claro de que Juan y Elena tenían la visión de trabajar en equipo. Y pese a constituir un reto constante, hacían todo el esfuerzo posible por participar en la vida de sus hijos y mantener un matrimonio cada vez más fuerte.

El esposo y la esposa deberán trabajar en equipo bajo la dirección de Dios a fin de decidir la misión que cada uno de ellos desempeñará para juntos poder cumplir el propósito de Dios en relación con su unión. Las funciones específicas podrán variar según la familia y de vez en cuando, podrán cambiar dentro de la misma familia pero las funciones deben resultar aceptables a cada cónyuge. La aceptación de funciones diversas no destruye la identidad, sino que la acentúa. Como esposa y esposo, la pareja marcha unida hacia la meta establecida.

En mi opinión, deben tenerse en cuenta el talento y las capacidades de los cónyuges a la hora de designar las responsabilidades. Uno puede estar más capacitado que el otro. Como son parte de un mismo equipo, ¿por qué no usar al jugador más capacitado en cada esfera? En mi caso, no me gustaría imaginar el caos que resultaría si yo comprara los víveres. De eso se encarga mi esposa que está altamente calificada para ello. Sin embargo, en el caso de otras parejas, puede que el esposo esté especialmente preparado para realizar esa tarea.

Lo dicho anteriormente no debe interpretarse como que después que una responsabilidad es aceptada, el otro cónyuge no debe ayudar nunca con dicha tarea. Digamos que el esposo acepta la responsabilidad de pasar la aspiradora todos los jueves. Eso no significa que la esposa no debe ayudarlo. El amor desea ayudar y con frecuencia lo hace. Lo que la aceptación de dicha responsabilidad sí significa es que si la esposa no ayuda al esposo a pasar la aspiradora, él no se sentirá ofendido. Él no espera que ella pase la aspiradora porque esa es su tarea. Si ella lo ayuda, él lo toma como un acto de amor y efectivamente, así es.

A modo de conclusión

Las Escrituras no nos dicen cómo resolver el debate acerca de quién debe hacer las cosas pero sí nos estimulan a ponernos de acuerdo en la respuesta. En una ocasión, Amós preguntó: "¿Andarán dos juntos, si no estuvieren de acuerdo?" (3:3). La respuesta es: "No, ni muy lejos, ni muy bien". Convenir en las responsabilidades es un asunto relativamente sencillo pero si se pasa por alto, los problemas pudieran brotar como la lava de un volcán.

AHORA LE CORRESPONDE A USTED

1. *En su matrimonio, ¿quién tiene la responsabilidad principal del sostén económico?*

   ____ *Esposa*   ____ *Esposo*   ____ *Compartido*

   ¿Se siente satisfecho(a) con la disposición actual? Si la respuesta es negativa, describa brevemente los cambios que le gustaría que se hicieran.

2. *Sin consultarlo con su cónyuge, haga una lista de las cosas que usted considera son su responsabilidad en la casa. Haga una lista aparte de las cosas que usted considera que son responsabilidad de él ó de ella. Inclúyalo todo y sea lo más explícito posible.*

3. *Déle este capítulo a leer a su cónyuge y pídale que haga los ejercicios 1 y 2.*

4. *En el momento acordado por ambos, muéstrense las listas mutuamente. El resultado podría ser:*

   a. *Que concuerdan totalmente con las funciones de ambos.*
   b. *Que hay aspectos en los cuales no están de acuerdo (hay alguna confusión en cuanto a quién es responsable de ciertas cosas).*
   c. *Que concuerdan en muy pocas cosas; por ende, este es un tema de verdadero conflicto conyugal.*

5. *Cualquiera que sea el resultado, utilice la ocasión para tratar y evaluar las funciones. ¿Qué está haciendo usted que su cónyuge está mejor capacitado para hacer? ¿Estaría él o ella dispuesto(a) a aceptar dicha responsabilidad? Deje que pruebe durante un mes.*

6. *Nunca piense que las responsabilidades no pueden cambiar. Si surge algún conflicto acerca de las funciones, es hora de tratar y evaluar el tema.*

CAPÍTULO

6

Decisiones, decisiones

¿HACEMOS ESTUDIOS DE posgrado? ¿Nos mudamos? ¿Financiamos un automóvil o ahorramos para comprar uno? Las decisiones que debemos tomar en el matrimonio son infinitas. Y es importante que las decisiones sean acordadas mutuamente.

"La primera verdadera discusión que tuvimos después de unos meses de casados fue cuando mi esposo llegó un día a la casa con una mesa por la que había pagado 50 dólares", recordaba una esposa. "Perdí la paciencia. Me pareció que era una traición a la confianza. Es decir, a mí me gustaba la mesa pero yo trabajaba y él estudiaba y teníamos que cuidar el dinero. Entonces acordamos que nos consultaríamos antes de hacer una compra de 50 dólares o más. Y lo hemos cumplido".

Como señalamos anteriormente, muchas parejas que antes del matrimonio no tienen problemas de comunicación descubren que después del matrimonio, la comunicación se estanca. La razón principal de este cambio se debe a que, antes del matrimonio, no había que tomar decisiones. Hablaban libremente acerca de cualquier tema y luego cada cual se marchaba a hacer lo suyo. Sin embargo, después del matrimonio, se proponen experimentar el sentimiento de unidad y deben tomar decisiones que afectarán a ambos cónyuges. Al no llegar a un acuerdo en cuanto a una decisión, la comunicación llega a un punto muerto y comienza a crecer un muro que los separa.

Los sociólogos y los consejeros de familia reconocen que uno de los problemas más importantes en el matrimonio es el proceso de toma de decisiones. En las mentes de muchas parejas jóvenes se refleja la idea de democracia, pero cuando hay solo dos votantes, la democracia acaba en un punto muerto. Muy pocas parejas todavía acatan el antiguo sistema autocrático donde el esposo: "Gobierna con mano de hierro" y la esposa es más bien una niña que una compañera, o el sistema matriarcal donde la madre decide todas las jugadas y el esposo es a lo sumo el corredor.

¿Qué hacemos entonces? ¿Cómo tomamos las decisiones? La mayoría de los recién casados dan por sentado que no hay que prestarle mucha atención a las decisiones. No prevén grandes dificultades en esa esfera. Esas ilusiones pronto se desvanecerán. Recuerdo la esposa que dijo: "Nunca imaginé que discutiríamos. Antes del matrimonio, parecíamos tan compatibles".

¿Ofrece la Biblia alguna ayuda? Si quisiéramos seguir el mejor modelo posible referente a la toma de decisiones, ¿cuál sería esta? Mi sugerencia es que el mejor ejemplo que tenemos para la toma de decisiones entre semejantes es Dios mismo.

Nosotros tres

Como ya hemos visto, Dios se reveló a sí mismo como una Trinidad. Este Dios trinitario ha tomado muchas decisiones, algunas de las cuales están inscritas en la Biblia. Desde el principio en que Dios dijo: "Hagamos al hombre a nuestra imagen" (Gn. 1:26) hasta la invitación final de la Trinidad en Apocalipsis 22, Dios ha tomado decisiones. ¿Cómo se tomaron esas decisiones?

La información que tenemos es limitada pero en Mateo 26:36-46 tenemos la posibilidad de ver una sesión de comunicación entre el Hijo y el Padre. Jesús se enfrentaba a la cruz y naturalmente, sentía una presión física y emocional. En esos versículos, Él expresa sus sentimientos e ideas al Padre: "Padre mío, si es posible, pase de mí esta copa" (v. 39). La intención no es que sea un testimonio completo de la oración sino más bien el tema. No había ocultamiento ni falsas apariencias, sino franqueza absoluta con el Padre. Tres veces se repitió la oración y en cada ocasión, Jesús terminaba diciendo: "pero no sea como yo quiero, sino como tú" (v. 39; cp. vv. 42, 44).

¿Era esto fatalismo? En lo absoluto. Jesús simplemente estaba reconociendo al Padre como el líder. De acuerdo, la decisión de la cruz había sido tomada en pasado, porque Jesús es el: "Cordero que fue inmolado desde el principio del mundo" (Ap. 13:8). Pero ahora que se enfrentaba a la cruz en tiempo y espacio, le expresó al Padre sus sentimientos humanos.

En otro verso, se explica esta relación con más claridad aún. En 1 Corintios 11:3, Pablo dice: "Pero quiero que sepáis que Cristo es la cabeza de todo varón, y el varón es la cabeza de la mujer, y Dios la cabeza de Cristo". Esa última frase: "Dios (es) la cabeza de Cristo", es pasada por alto por muchas personas. Evidentemente, Pablo se está refiriendo a Dios el Padre.

Uno pudiera decir: "Yo pensaba que el Padre y el Hijo eran iguales". ¡Y lo son! Sin embargo, dentro de la perfecta unidad de la deidad hay orden y se pone de manifiesto que el Padre es el líder. Si somos capaces de entender un poco la naturaleza de este modelo divino, es decir, cómo el Padre se relaciona con el Hijo y cómo el Hijo se relaciona con el Padre, entonces llegaremos a una mejor comprensión de lo que significa que el hombre sea la "cabeza" de la mujer.

De igual valor

¿El Padre es más valioso que el Hijo? ¿El hombre es más valioso que la mujer? ¿El Padre es más inteligente que el Hijo? ¿Los hombres son más inteligentes que las mujeres? La respuesta evidente a estas preguntas es no. El Padre y el Hijo son iguales en todo sentido. Pero la igualdad no significa que no hay diferencias. Fue el Hijo el que murió en la cruz, no el Padre. ¿Los hombres y las mujeres tienen igual valor? ¡Sí! Dígalo alto y claro. No permita que nadie cuestione la posición de la Biblia al respecto. Tanto los hombres como las mujeres fueron hechos a imagen de Dios y tienen igual valor.

¿La igualdad significa que son idénticos? No. Hay diferencias pero las diferencias no significan deficiencias. Cuando Dios indica que el hombre será la cabeza de la mujer, simplemente está estableciendo un orden en una relación entre semejantes, una relación que es imaginada por Dios mismo.

¿Es posible que el Padre alguna vez obligara al Hijo a hacer algo contra su voluntad? ¿Es posible que el esposo que siguiera este modelo obligara alguna vez a la esposa a hacer algo contra su voluntad? Jefatura no significa dictadura. ¿El Hijo haría lo que a Él le pareciera sin consultar con el Padre? "Inconcebible", diría usted. ¿La esposa haría lo que a ella le pareciera sin consultar con el esposo? Yo sé que Dios es perfecto y que nosotros tenemos defectos, por lo tanto, no siempre hacemos lo que sabemos es lo correcto. Sin embargo, debemos entender el modelo que nos toca.

El concepto bíblico del hombre como "jefe de la casa" ha sido, quizás, el concepto más manipulado de la Biblia. Esposos cristianos, llenos de obstinación, le han hecho toda clase de tontas exigencias a sus esposas basándose en: "La Biblia dice..." Jefatura no significa que el esposo tiene el derecho a tomar todas las decisiones e informarle a la esposa de lo que se va a hacer. Eso es inconcebible si uno observa el modelo de Dios Padre y Dios Hijo.

En busca de la unidad

¿Cuál es entonces el modelo bíblico para la toma de decisiones? Tomemos como ejemplo la conversación que sostuvieron Jesús y el Padre en Getsemaní justo antes de la crucifixión: "Padre mío, si es posible, pase de mí esta copa; pero no sea como yo quiero, sino como tú" (Mt. 26:39).

El modelo parece ser el análisis de ideas y sentimientos expresados con honestidad y amor con el esposo como líder reconocido. El objetivo en todas las decisiones es la unidad. La Trinidad reconoce la unidad perfecta en todas las decisiones. Como seres con defectos que somos, no siempre podremos alcanzar el ideal pero eso siempre deberá ser nuestra meta.

¿Y qué hay de esas ocasiones en que hemos expuesto nuestras ideas y sin embargo no podemos ponernos de acuerdo en un plan de acción? Mi sugerencia es que si la decisión puede esperar (y la mayoría puede), entonces espere. Mientras espera, usted y su cónyuge deben orar y buscar nueva información que pueda arrojar luz sobre la situación. Pasada una semana, analicen la situación de nuevo y la posición de ambos.

"¿Qué tiempo esperamos?" ¡Todo el tiempo posible! En mi opinión, la única vez en que el esposo debe tomar una decisión sin un acuerdo mutuo es en esas raras ocasiones cuando la decisión debe hacerse "ya". Ese tipo de decisión se da pocas veces en la vida. La mayoría de las cosas pueden esperar. La unidad es más importante que la prisa. "¡Pero si no lo compro hoy, se acabará la oferta!" Una "ganga" a costa de la unidad con el cónyuge resulta muy costosa.

En esas ocasiones en que hay que tomar una decisión "ya" y los cónyuges aún no han llegado a un acuerdo, opino que el esposo tiene la responsabilidad de tomar la decisión que él considere mejor. También debe asumir la responsabilidad de dicha decisión.

En ese momento, la esposa puede sentirse amenazada por la sumisión pero también debe sentir la seguridad de tener un esposo responsable que es capaz de tomar una decisión cuando sea preciso. En el caso de una decisión de esta índole, la esposa no debe sentirse responsable de la elección del esposo. Por otro lado, tampoco deberá contribuir a su fracaso.

Si el tiempo llega a demostrar que fue una mala decisión, la esposa nunca deberá caer en la tentación de decirle: "Te lo dije. Si me hubieras hecho caso, esto no hubiera sucedido". Cuando un hombre está en el piso, no necesita que lo pisoteen. Necesita de una mano que lo sostenga y la seguridad de que usted lo apoya y que todo se resolverá: "Nos equivocamos pero estamos juntos y saldremos de esta".

De la misma forma en que Dios Padre siempre está atento a los intereses de Dios Hijo, el esposo deberá estar atento a los intereses de la esposa. El esposo que tiene esta mentalidad nunca tomará intencionadamente una decisión que pueda ser perjudicial. Más bien, analiza cómo la decisión la afectará a ella y trata de tomar decisiones que mejoren la vida de ella así como la relación entre ambos.

Josué era un esposo que había aprendido a tomar decisiones basadas en el amor hacia su esposa: "Quiero contarle acerca de la decisión más dura que he tomado en mi vida y a la vez una de las mejores que haya tomado", dijo durante un receso en un seminario sobre el matrimonio que yo dirigía en Washington, D.C. Explicó que después de 15 años en el ejército, sintió el deseo cada vez mayor de montar un negocio en la vida civil. Conversó con la esposa y ella le sugirió a Josué que investigara más acerca de cómo sería su estilo de vida si él montaba un negocio.

"Deseamos, pensamos, decidimos". Este es el lenguaje de la unidad.

"Entonces me comuniqué con un hombre que tenía un negocio similar y me pasé un día entero conversando con él acerca de su propia expedición vocacional. Supe que en los primeros años después de montar el negocio casi pierde a su esposa debido al tiempo y el esfuerzo que había que dedicarle al negocio. Pensé que eso nunca me sucedería a mí por mi entrega a Sara.

"Todo esto lo conversé con ella y a medida que pasaba el tiempo, el desasosiego que ella sentía acerca de dejar el ejército iba en aumento. Me quedaban cinco años para retirarme y a Sara realmente le gustaba la vida militar. También había sido bueno para nuestros hijos.

"Mientras más conversábamos, más me daba cuenta de que dejar el ejército en ese momento probablemente no era tan acertado. Pero tenía muchos deseos de montar el negocio. Oré muchísimo pero no parecía recibir ninguna indicación de Dios. Entonces un día, oí a un pastor hacer el siguiente comentario: 'Dios nos dio dirección cuando nos dio esposas'.

"Fue como la voz de Dios. Me di cuenta de que Sara me estaba entregando una indiscutible sabiduría y que era mi ambición egoísta la que me halaba en dirección contraria. Así que tomé la decisión de permanecer en el ejército. Estoy seguro de que fue una de las mejores decisiones que haya tomado en la vida.

"Hace siete años, cumplí veinte años de servicio y decidí entonces continuar. Ya llevo 27 años en el ejército y mi plan es que sean 30. Dios nos ha dado un maravilloso ministerio con matrimonios de militares. Sabemos que los matrimonios viven bajo un gran estrés y nuestra pasión ha sido ayudar a las parejas de militares tener matrimonios sólidos. Sé que no hubiéramos tenido este ministerio si hubiera montado un negocio. Todos los días le doy gracias a Dios por guiarme a través de Sara".

Josué había descubierto el principio bíblico de: "Mejores son dos que uno" y que Dios a menudo usa al cónyuge para darnos sabiduría.

Sé muy bien que algunas personas rechazarán la idea de que el esposo debe ser el líder en la toma de decisiones. Sin embargo, cuando uno comprende el modelo bíblico de ese liderazgo, se hace más factible. El liderazgo masculino en el hogar no tiene nada que ver con la superioridad. Tiene que ver con el orden entre iguales. Tarde o temprano, si a uno de los cónyuges no se le reconoce como líder, la pareja llegará a un estancamiento y se volverá inoperante en momentos de crisis. Debemos esforzarnos por alcanzar la unidad en todas las decisiones y con la actitud adecuada, se puede lograr en un 95 por ciento de las veces pero alguien debe asumir la responsabilidad de la toma de decisiones cuando no se logra la unidad.

A muchas parejas hay que recordarles que pertenecen al mismo equipo. Con demasiada frecuencia, los cónyuges compiten el uno con el otro, cada uno de ellos defendiendo sus propias ideas. Nada más tonto. Dé a conocer sus ideas, por supuesto pero use esas ideas para llegar a la mejor decisión. No es mis ideas contra las tuyas, sino nuestras ideas y nuestra decisión. "Deseamos, pensamos, decidimos". Este es el lenguaje de la unidad.

A riesgo de ser redundante, permítanme señalar detenidamente lo que no quieren significar las Escrituras cuando dicen: "el marido es cabeza de la mujer" (Ef. 5:23).

Esta frase no significa que el esposo sea más inteligente que la esposa. Sin duda, un esposo determinado pudiera tener un coeficiente de inteligencia más alto que la esposa, o una esposa, un coeficiente de inteligencia más alto que el esposo pero la jefatura no tiene nada que ver con la inteligencia. Dios Padre y Dios Hijo son igualmente infinitos en su sabiduría; sin embargo, el Padre es la: "cabeza" del Hijo. En general, tanto los hombres como las mujeres son criaturas inteligentes (aunque a veces uno tiene sus dudas).

A imagen de Dios

"El marido es cabeza de la mujer" no significa que el hombre sea más valioso que la mujer. Tanto el hombre como la mujer fueron creados a imagen de Dios y tienen el mismo valor. Es verdad que el Antiguo testamento documenta el sistema judío que enaltecía al niño varón como más valioso que la hembra pero no debemos aceptar el sistema cultural judío como el sistema de Dios. Los ángeles en el cielo no se regocijan más cuando se convierte un hombre que cuando se convierte una mujer: "no hay varón ni mujer; porque todos vosotros sois uno en Cristo Jesús" (Gá. 3:28).

Ni los esposos ni las esposas pueden hacer lo que les plazca y a la vez tener éxito en el matrimonio.

"El marido es cabeza de la mujer" no significa que el hombre sea un dictador y que tome decisiones independientes diciéndole a su esposa lo que debe hacer. Indiscutiblemente que ese modelo no lo vemos entre Dios Padre y Dios Hijo. Es inconcebible que Dios Padre tomara una decisión y luego llamara a Dios Hijo para informarle: "Jehová nuestro Dios, Jehová uno es" (Dt. 6:4). Hay una total comunicación y una absoluta unidad en todas las decisiones.

A muchos dictadores cristianos, una desmedida carga de responsabilidades les ha provocado úlceras. Dios no quiso que el esposo tomara las decisiones él solo. Recuerde que la esposa fue otorgada para que fuera una ayuda. ¿Cómo puede ayudar si el esposo ni siquiera consulta con ella? La gran necesidad de nuestra época es la de tener líderes cristianos, no dictadores.

Muchas esposas se estremecen cuando oyen que el pastor dice: "Abran la Biblia en Efesios 5:22". Lo presienten venir y no les gusta lo que oyen: "Las casadas estén sujetas a sus propios maridos, como al Señor".

"Pero no conoces a mi esposo", dirán ellas. "Pero tú no entiendes lo que es la sumisión", dirá Dios.

En esta sección, quiero disipar algunos temores analizando lo que no significa sumisión. Sumisión no significa que la esposa debe ser a la que le toca "dar" siempre. El versículo inmediatamente anterior a Efesios 5:22 dice: "Someteos unos a otros en el temor de Dios". La sumisión es un ejercicio mutuo. Ni los esposos ni las esposas pueden hacer lo que les plazca y a la vez tener éxito en el matrimonio. Es por eso que Dios les enseña a los esposos a amar a sus esposas: "como Cristo amó a la iglesia" (Ef. 5:25). La palabra "amar" traducida aquí indica un amor que se da a sí mismo y que busca el beneficio de la persona a la que se ama.

Por ejemplo, un esposo puede acceder a asistir a una fiesta a la que no tiene ningún deseo de ir a fin de mejorar el matrimonio. Así mismo, una esposa puede acceder a asistir a un partido de fútbol, juego del cual no conoce prácticamente nada, para poder participar de uno de los placeres del esposo. Sumisión es lo opuesto a exigir que se hagan las cosas a la manera de uno y se requiere tanto de parte del esposo como de parte de la esposa.

Sumisión no significa que la esposa no pueda expresar sus ideas. ¿Para qué Dios le daría a la esposa la capacidad de tener ideas si no las pudiera expresar? Usted está llamada a ayudar. ¿Cómo va a poder usted ayudar si se niega a compartir su sabiduría?

"Pero mi esposo no es receptivo a mis ideas". Eso es problema de él, no suyo. El silencio nunca podrá ser el camino hacia la unidad. Puede que necesite hacer uso del tacto y ejercitar la sabiduría en cuanto al momento y la forma en que usted se exprese pero debe utilizar la mente que Dios le ha dado. Usted tiene una responsabilidad. No puede quedarse de brazos cruzados mirando cómo su esposo fracasa. Usted debe proponerse ser una ayuda constructiva.

Finalmente, sumisión no significa que la esposa no toma decisiones. Hemos hablado principalmente de decisiones importantes en el hogar y hemos dicho que el modelo básico es la expresión mutua de ideas con vista a la unidad bajo el liderazgo del esposo. Sin embargo, en un hogar típico, hay cuestiones en las que la pareja está de acuerdo en que la esposa tome las decisiones.

Hallar la unidad a través de nuestras diferencias

David y Brenda, de Spokane, en el estado de Washington, me dieron un buen ejemplo de este modelo de toma de decisiones. Brenda se especializó en periodismo en la universidad. Era una ávida lectora y había llevado un diario desde que estaba en la universidad. Trabajó para un periódico local hasta que nació su primer hijo, momento en que decidió quedarse en casa, aunque continuó escribiendo artículos para el periódico de vez en cuando. David trabajaba para una agencia de publicidad. Su fuerte era la creatividad y su punto débil, la organización.

Después de innumerables conflictos en su matrimonio, que de manera característica terminaban en discusiones, David se encontraba un domingo en la iglesia y escuchó un sermón acerca de los dones espirituales. La idea era que Dios le había dado a cada cristiano capacidades especiales y que su plan era que cada persona usara esos dones para el bien de la comunidad. El pastor hablaba de usar esos dones en el contexto de la iglesia local pero David aplicó el concepto a su matrimonio:

"Fue como si hubiera hecho un gran descubrimiento de que Brenda estaba concebida para hacer unas cosas bien y yo estaba concebido para hacer otras cosas bien y que Dios nos había unido para poder trabajar como un equipo eficiente. En el pasado, yo había estado tratando de 'llevar la batuta' en vez de utilizar nuestras virtudes. Brenda y yo conversamos sobre esto ese domingo en la tarde y tomamos algunas decisiones importantes entre los dos. Estuvimos de acuerdo en que en determinados aspectos de nuestras vidas, ella tomaría todas las decisiones y consultaría conmigo solo si deseaba mi aporte. En otros aspectos, yo tomaría las decisiones. También acordamos que cualquiera de los dos podría hacerle preguntas al otro pero que, en esos aspectos, confiaríamos en la otra persona en cuanto a la adopción de la decisión final.

"Fue una de las cosas mejores que hayamos hecho. Eliminó la tensión entre nosotros cuando nos vimos como compañeros que trabajaban unidos para construir un matrimonio fuerte, utilizando nuestras aptitudes".

Muchas parejas han descubierto que este modelo de toma de decisiones es viable. Aprovecha nuestras diferencias al máximo y resalta nuestra unidad. Por supuesto, esto pudiera llevarse hasta el extremo. Quizás haya oído hablar del esposo que dijo: "En los inicios de nuestro matrimonio, acordamos que yo tomaría todas las decisiones relacionadas con las actividades cotidianas. Llevamos 25 años de casados y hasta el momento, no han existido decisiones importantes".

Sería una mala administración del tiempo si ambos cónyuges prestaran atención a todos los pormenores de la vida. La muestra de sabiduría radica en acordar esferas de competencia donde la esposa tome decisiones a su discreción. (Por supuesto, no debe dejar de pedirle consejo a su esposo si así lo desea.) Las esferas de su competencia pueden variar según la familia pero pueden entrañar la alimentación, la ropa, la decoración del hogar, los automóviles, la educación, aspectos de la crianza de los hijos y así sucesivamente.

Proverbios 31:10–31, la descripción de una mujer virtuosa, contiene un gran abanico de toma de decisiones asignado a la esposa. Desde luego que no pudo haber pensado que no estaban utilizando sus capacidades. Yo propongo que la pareja inteligente y madura le dé a la esposa todas las responsabilidades que esté dispuesta a asumir. El esposo que se siente seguro en su autoestima no verá los esfuerzos de su esposa como competencia. La esposa que reconoce su propia dignidad que Dios le dio no tendrá que probar su valía a nadie. Para el esposo y la esposa que trabajan en equipo, cada uno de ellos estimulando al otro a que desarrolle sus capacidades al máximo para Dios, las recompensas serán satisfactorias.

A modo de conclusión

En resumen, mi sugerencia es que si la pareja se pone de acuerdo en un modelo para la toma de decisiones, podrán evitar muchas batallas. El modelo bíblico que sugiero es la de la mutua y total expresión de ideas y sentimientos relacionados con los asuntos en cuestión tratando de llegar a una decisión unánime, la que ambos acuerden es la mejor decisión.

Cuando no es posible llegar a un consenso, espere y busque nuevas orientaciones. Trate el tema de nuevo y propóngase alcanzar la unidad. Si no logra alcanzar la unidad y hay que tomar una decisión de inmediato, entonces el esposo debe tomar la decisión que él considere mejor y asumir la responsabilidad de dicha decisión. La esposa deberá reconocer su desacuerdo pero expresará su disposición a trabajar junto a su esposo y a reconocer su liderazgo. Una actitud semejante finalmente engendrará una unidad de corazón, que es mucho más importante que cualquier cuestión determinada.

AHORA LE CORRESPONDE A USTED

1. *Responda la siguiente pregunta en un párrafo: ¿Cómo se toman las decisiones en nuestro hogar? (Describa el proceso con la mayor claridad posible.)*

2. *Si usted decidió seguir el modelo de toma de decisiones tratado en este capítulo, ¿que cambios tendrían que hacerle? Haga una relación de dichos cambios.*

3. *Pídale a su cónyuge que lea el capítulo y responda las dos preguntas anteriores.*

4. *Cuando los dos hayan terminado estos dos ejercicios, pónganse de acuerdo en cuándo tratarán el tema de la toma de decisiones con vistas a su perfeccionamiento. Las siguientes preguntas pueden servir de guía para el intercambio de impresiones:*

- ¿Estamos de acuerdo en que la unidad entre el esposo y la esposa es nuestra meta en la toma de decisiones?
- ¿Cuál ha sido nuestro problema más común para alcanzar la unidad en las decisiones?
- ¿Qué necesitamos para cambiar a fin de vencer dicho problema?
- ¿Nos hemos puesto de acuerdo acerca de quién tomará la decisión en esas raras ocasiones en que la decisión debe tomarse "ya" y aún no hemos alcanzado la unidad?

5. Lea Filipenses 2:2–4. ¿Qué pautas da este pasaje para la toma de decisiones en el hogar?

"¿Quiere decir que el sexo requiere esfuerzo?"

EL CINE HACE que parezca muy fácil. Dos bellos cuerpos abrazándose, uniéndose en un solo cuerpo...

Los sueños y las esperanzas de los novios son muchos, pero quizá ninguno es más vivo que el sueño de la unidad sexual en el matrimonio. Muchos entran al matrimonio con la idea de una gran orgía sexual, día, tarde y noche. Es obvio que para miles de personas, esos sueños se destruyen y las esperanzas nunca llegan a hacerse realidad. ¿Por qué es que cónyuges cultos e instruidos no pueden hallar satisfacción en este aspecto tan importante del matrimonio? Parte de la respuesta radica en expectativas poco realistas.

Nuestra sociedad no ha sido justa con nosotros. El cine, las revistas y las novelas han transmitido la idea de que el gozo sexual y la satisfacción mutua se producen automáticamente cuando dos cuerpos se unen. Nos dicen que lo único necesario para lograr la satisfacción sexual es dos personas que consientan. Eso simplemente no es verdad. El sexo es mucho más intrincado y maravilloso que eso. Cuando entramos al matrimonio con la idea falsa de que la satisfacción en este aspecto viene "de forma natural", vamos camino a la desilusión.

La unidad sexual, con lo cual quiero decir la satisfacción mutua de los cónyuges, ambos disfrutando de su sexualidad y un sentido sano del placer sexual, no se produce automáticamente. Exige el mismo grado de entrega y esfuerzo que la unidad intelectual o la unidad social, tratadas anteriormente.

Alguien pudiera decir: "¿Quiere decir que el sexo requiere esfuerzo? ¡Yo pensaba que eso venía solo!" y yo respondería: "Es precisamente ese concepto erróneo lo que constituye la mayor barrera para la unidad sexual". No estoy diciendo que el aspecto sexual del matrimonio sea una carga, algo que exija un trabajo duro y poco gratificante. Lo que estoy diciendo es que el tiempo y el trabajo invertido en esta esfera lo recompensarán repetidas veces.

Las parejas que maduran en cuanto a este aspecto serán los receptores de una sonrisa del Creador, que dijo: "y serán una sola carne" (Gn. 2:24). Aquellos que no logren la unidad sexual nunca conocerán la alegría de un matrimonio pleno. Cualquier cosa por debajo de un sentido profundo de satisfacción por parte de ambos cónyuges es inferior a lo alcanzable. ¿Cuáles son, entonces, las pautas que nos guiarán hacia esa unidad?

Una sana actitud

Una de las barreras de la unidad sexual es la actitud negativa hacia el sexo en general y las relaciones sexuales en particular. Tal actitud puede tener su origen en un mal ejemplo por parte de los padres, una educación sexual distorsionada, una lamentable experiencia sexual en la niñez, o una relación sexual en la adolescencia que haya ocasionado decepción y culpa. El origen es relativamente insignificante. Lo importante es comprender que somos los amos de nuestras actitudes. No tenemos que ser esclavos de nuestros sentimientos negativos eternamente.

El primer paso para vencer las actitudes negativas es exponerse a la verdad. Jesús dijo: "Si vosotros permaneciereis en mi palabra...

conoceréis la verdad, y la verdad os hará libres" (Jn. 8:31-32). ¿Cuál es la verdad sobre el sexo?

La verdad es que el sexo es idea de Dios. Como tratamos anteriormente, fue Dios el que nos hizo varones y hembras. La humanidad ha explotado el sexo pero la humanidad no creó el sexo. Un Dios santo, totalmente ajeno al pecado, nos hizo seres sexuales. Por lo tanto, el sexo es saludable y bueno.

Nuestra condición masculina o femenina es una idea honorable. Nuestros órganos sexuales no tienen nada de vergonzoso. Son tal como Dios quiso que fueran. Él es un Creador perfecto y todo lo que ha creado es bueno. No debemos renunciar a la santidad del sexo porque la gente lo haya explotado y degradado a través del uso incorrecto. Sexo no es una marca de fábrica del mundo, tiene una etiqueta personal que dice: "Hecho por Dios".

En ocasiones, hasta la Iglesia ha sido culpable de distorsionar la verdad. Impacientes por condenar el uso incorrecto del sexo, hemos dado a entender que el sexo como tal es perverso. Ese no es el caso. Pablo escribió: "El cuerpo es... para el Señor... vuestro cuerpo es templo del Espíritu Santo" (1 Co. 6:13, 19). Todo nuestro cuerpo es bueno y limpio.

El segundo paso para vencer una actitud negativa hacia el sexo es responder con la verdad. Si, en efecto, el sexo es un don de Dios y las relaciones sexuales entre esposo y esposa son el deseo de Dios para con nosotros, entonces no debo permitir que mis sentimientos distorsionados me frenen de cumplir la voluntad de Dios. Debo confesar mis sentimientos a Dios y a mi compañera o compañero y luego dar gracias a Dios de no tener que seguir esos sentimientos. Una oración de esta índole pueden incluso hacerse de forma audible durante el acto sexual en sí. A medida que cumplo la voluntad de Dios en comunión con Él, mis sentimientos y actitudes cambiarán. Si yo fomento esos sentimientos negativos al negarme a participar en una expresión de amor a través de las relaciones sexuales con mi cónyuge, entonces no estoy ejerciendo mi libertad de vivir por encima de mis sentimientos. Las acciones positivas deben preceder a los sentimientos positivos.

EL MATRIMONIO QUE SIEMPRE HA DESEADO

Superar experiencias anteriores

Una realidad de la sociedad contemporánea es que muchas parejas llegan al matrimonio con una experiencia sexual previa, ya sea entre ellos mismo o con otra pareja, y esto es igualmente válido tanto para nuestros jóvenes cristianos como para la juventud no cristiana, según el veterano investigador evangélico, Ronald J. Sider, en su ensayo "El escándalo de la conciencia evangélica":

> El popular orador evangélico Josh McDowell ha estado investigando y hablándole a la juventud evangélica por varias décadas. Recuerdo que hace años dijo que la juventud evangélica tenía solo un diez por ciento menos probabilidades de tener relaciones prematrimoniales que la no evangélica.
>
> *El verdadero amor espera*, programa patrocinado por la Convención Bautista del Sur, es uno de los empeños evangélicos más famosos encaminados a reducir la actividad sexual prematrimonial entre nuestros jóvenes. Desde 1993, alrededor de 2.4 millones de jóvenes juraron esperar al matrimonio para tener relaciones sexuales. ¿Han mantenido esos jóvenes evangélicos su promesa? En marzo de 2004, investigadores de la Universidad de Columbia y la Universidad de Yale, que durante siete años realizaron un estudio de doce mil jóvenes que habían jurado, informaron acerca de las conclusiones a que llegaron. Desgraciadamente, el 88 por ciento de esos jóvenes declararon que habían tenido relaciones sexuales antes del matrimonio; solo el 12 por ciento cumplió la promesa. Los investigadores también descubrieron que la tasa de enfermedades de transmisión sexual "era casi idéntica en los jóvenes que habían hecho la promesa como en los que no la habían hecho".[1]

En un estudio realizado en 2001 por el Grupo Barna, se reveló que la convivencia antes del matrimonio es solo un poco menos frecuente entre los adultos convertidos que entre el público en general. Al resumir las conclusiones, Sider señaló que: "Nacionalmente, el 33 por ciento de todos los adultos han convivido con un miembro del sexo opuesto sin estar casado. La tasa es del 25 por ciento para las personas convertidas".[2]

Sider también destacó las conclusiones a las que había llegado John C. Green, director del Instituto Bliss de Ciencia Política Aplicada de la Universidad de Akron. Este politólogo y estadístico llevó a cabo varios estudios a nivel nacional y sacó a la luz actitudes evangélicas sobre el sexo prematrimonial y extramatrimonial. Green estableció que el 46 por ciento de los evangélicos no tradicionales (definidos como los que asisten con más frecuencia a la iglesia, tienen un concepto elevado de la autoridad bíblica, etc.) no piensan que el sexo prematrimonial tenga nada de malo.[3]

Evidentemente, muchas parejas, especialmente en los primeros años del matrimonio, tienen que lidiar con el impedimento de una experiencia sexual anterior. La idea generalizada es que la experiencia sexual prematrimonial lo prepara a uno mejor para el matrimonio. Todas las investigaciones indican lo contrario.[4] De hecho, el número de divorcios entre los que habían tenido una experiencia sexual anterior es el doble en comparación con los que no habían tenido una experiencia sexual antes del matrimonio. La realidad es que una experiencia sexual anterior a menudo se convierte en una barrera psicológica para lograr la unidad sexual en el matrimonio.

La respuesta cristiana a esas barreras es la confesión del comportamiento indecoroso y el sincero perdón mutuo por los fracasos anteriores. Las cicatrices del pasado podrán permanecer eternamente pero las cicatrices pueden servir de recordatorio de la gracia y el amor de Dios. Un aspecto en que las cicatrices resultan más problemáticas es cuando uno de los miembros de la pareja ha contraído una enfermedad de transmisión sexual antes del matrimonio. La mayoría de estas enfermedades son tratables pero no curables. Estas son cicatrices que la pareja tiene que aceptar y a las que tienen que ajustarse. Un problema más serio aun es cuando la enfermedad de transmisión sexual existió antes del matrimonio pero no se le comunicó al cónyuge. Esto constituye, en esencia, un engaño y a menudo se convierte en fuente de intensa tensión entre la pareja llevándola a veces al divorcio temprano. En mi orientación prematrimonial, siempre estimulo a las parejas a decir la verdad sobre las experiencias anteriores. Si esto no puede resolverse durante el noviazgo, será mucho más difícil después del matrimonio. Sin embargo, si entramos al matrimonio sin ocultar el pasado y dispuestos a aceptar a la persona tal como es, entonces tenemos muchas más posibilidades de procesar los problemas después del matrimonio.

"¿Cómo puedo ayudarte?"

Si existe una palabra que es más importante que ninguna otra en la obtención de la unidad sexual es la palabra comunicación. ¿Por qué estamos tan dispuestos a debatir todo lo demás y tan reticentes a conversar abiertamente acerca de este aspecto de nuestras vidas? Su esposa nunca podrá conocer sus sentimientos, necesidades y deseos si usted no los expresa. Su esposo nunca sabrá lo que a usted la hace feliz si usted no se comunica. Nunca he conocido de una pareja que haya logrado la unidad sexual sin tener una comunicación abierta acerca del sexo.

En una ocasión, una esposa dijo en mi oficina que había estado casada durante tres años y nunca había tenido un orgasmo. Sin embargo, nunca se lo dijo al esposo. No quería lastimarlo. Quizás algo le pasaba a ella, reflexionaba. Había consultado con su médico quien le aseguró que no existía ningún problema físico. Cuando finalmente se lo contó todo a su esposo, el problema se solucionó pronto. El esposo no puede tratar de solucionar un problema que desconoce. Sin embargo, el esposo debería hacer preguntas para determinar si su esposa se siente satisfecha.

En un intento de promover la comunicación en mis seminarios sobre la vida familiar, periódicamente les he preguntado a las esposas y los esposos que escriban los consejos que les gustaría ofrecer a su compañero o compañera en relación con el acto sexual. Es decir: "¿Qué sugerencias le haría a su cónyuge que en su opinión harían más significativo el acto sexual?" Al final de este capítulo aparece una recopilación de dichas sugerencias. Esperamos que la misma lo anime a usted y a su cónyuge a renovar la comunicación en relación con este tema.

¿Por qué el sexo?

Algunas parejas tienen dificultad en mejorar porque no entienden el propósito del sexo según las Escrituras. El propósito más obvio, aunque ciertamente no el único, es el de la procreación. Habiendo creado al hombre, mujer y hombre, "los bendijo Dios, y les dijo: Fructificad y multiplicaos; llenad la tierra" (Gn. 1:28). Las relaciones sexuales con el fin de procrear es la forma que tiene Dios de permitirnos participar de la emoción de la creación. Hay pocas emociones humanas que puedan igualarse a la de mirar el rostro de un niño, el fruto de su amor por su cónyuge.

En las Escrituras, los niños siempre son vistos como un don de Dios: "He aquí, herencia del Señor son los hijos; cosa de estima el fruto del vientre" (Sal. 127:3). ¿Qué hay entonces con respecto a la anticoncepción? Algunos argumentarían que la orden original de Dios de "llenad la tierra" se ha cumplido, al menos en los países más pobres que luchan con la sobrepoblación. Por lo tanto, debemos dejar de "llenar" la tierra, no sea que desbordemos la Tierra.

Sin embargo, aquí interviene un principio elevado. Somos creados como criaturas responsables. A través de las Escrituras, los padres son considerados personas responsables que atienden las necesidades de los niños que ellos "crean". Como padre responsable, debo usar la razón a la hora de decidir de cuántos niños me puedo ocupar en la práctica. De la misma manera que Dios nos ha dado ayuda médica a través del esfuerzo de hombres y mujeres consagrados, también nos ha dado el medio para limitar los nacimientos. Resulta interesante saber que este conocimiento ha llegado en las generaciones de mayor necesidad en cuanto a la sobrepoblación. Como cristianos, debemos usar todos los dones de Dios de manera responsable. Por ende, opino que la pareja debe conversar y decidir juntos cuándo hará uso del control de la natalidad y qué método de control de la natalidad usarán como personas responsables que son. Este asunto debe tratarse con el médico cuando la pareja asista a la consulta para realizar los análisis prematrimoniales.

El segundo propósito de las relaciones sexuales dentro del matrimonio que aparece en las Escrituras es el de satisfacer necesidades físicas y afectivas. Pablo habla al respecto cuando dice:

> El marido cumpla con la mujer el deber conyugal, y asimismo la mujer con el marido. La mujer no tiene potestad sobre su propio cuerpo, sino el marido; ni tampoco tiene el marido potestad sobre su propio cuerpo, sino la mujer. No os neguéis el uno al otro, a no ser por algún tiempo de mutuo consentimiento, para ocuparos sosegadamente en la oración; y volved a juntaros en uno, para que no os tiente Satanás a causa de vuestra incontinencia. (1 Co. 7:3-5)

Pablo trata acerca de la realidad de la intensa necesidad física y afectiva que el esposo y la esposa tienen uno por el otro. Somos seres sexuales y sentimos un fuerte deseo por el otro desde el punto de vista sexual. De hecho, el más grande problema antes del matrimonio es poder controlar ese fuerte deseo. Pero dentro del matrimonio, ese deseo debe hallar plena satisfacción en las relaciones sexuales.

Cuando nos negamos ese privilegio, frustramos el modelo expreso que Dios reveló. Si los esposos y las esposas tomaran dicha responsabilidad seriamente, el número de relaciones extramatrimoniales disminuiría drásticamente.

La esposa honesta diría: "Pero yo no siento deseos de tener relaciones sexuales tan a menudo como mi esposo". Este es el momento en que, como expresara el pastor y escritor Charlie Shedd, la esposa tiene la posibilidad de ser una "misionera" para con su esposo. Exprese sus sentimientos a su compañero abierta y francamente, pero también déjele saber que está dispuesta a satisfacer sus necesidades. No tiene que pasar por toda la actividad del juego amoroso o "preludio" que tanta energía consume si está fatigada. Simplemente hágale saber que usted lo ama y desea satisfacer sus necesidades. Normalmente, esto puede hacerse en poco tiempo con un consumo mínimo de energía. La esposa no debe verse obligada a tener un orgasmo si no lo desea. Si las necesidades se satisfacen, entonces se habrá logrado uno de los propósitos del sexo.

El tercer propósito del sexo expresado en las Escrituras es el de dar placer. Aquellas personas que piensan que Dios desea hacer la vida lo más desgraciada posible para sus siervos puede que tengan problemas con este propósito. Pero las Escrituras dejan claro que los planes de Dios para con nosotros siempre son buenos: "Yo sé los planes que tengo para ustedes, planes para su bienestar y no para su mal, a fin de darles un futuro lleno de esperanza" (Jer. 29:11, DHH). Dios no tuvo que hacer el acto sexual placentero pero lo hizo. Este es uno de esos actos inigualables por los que Dios es célebre.

El "placer" en la Biblia

El capítulo 18 de Génesis registra un hecho muy interesante en la vida de Abraham y Sara. El mensajero de Dios había venido a proclamar que ellos tendrían un hijo, lo cual era una idea maravillosa, ¡pero Abraham tenía 100 años y Sara 90! Abraham le hizo una pregunta lógica a este mensajero celestial y las Escrituras dicen que en respuesta: "Se rió, pues, Sara entre sí, diciendo: ¿Después que he envejecido tendré deleite, siendo también mi señor ya viejo?" (Gn. 18:12). La palabra traducida como: "deleite" no es la palabra acostumbrada para placer y solo es usada aquí en el Antiguo Testamento. Sara reflexiona acerca de la experiencia placentera que significa el acto sexual. Ella está vieja. El comportamiento del cuerpo ya no es lo que fue antes pero no es tan vieja como para no poder recordar que es una experiencia placentera. El Cantar de los cantares de Salomón está repleto de ilustraciones acerca del placer en cuanto al aspecto sexual del matrimonio (6:1-9; 7:1-10). Puede que las frases descriptivas sean ajenas a nuestra cultura pero la intención está clara. La masculinidad y la feminidad fueron hechas para ser disfrutadas por los cónyuges en el matrimonio.

Otro pasaje interesante lo encontramos en Deuteronomio 24:5 donde dice: "Cuando alguno fuere recién casado, no saldrá a la guerra, ni en ninguna cosa se le ocupará; libre estará en su casa por un año, para alegrar a la mujer que tomó". La palabra traducida aquí como "alegrar" se traduce en otras partes como: "dar placer" y es la misma palabra que se usa como gratificación sexual. Deberá quedarse en casa durante un año para "darle placer" a su esposa durante un año. ¡Qué clase de luna de miel!

Expresar el amor durante la luna de miel... y después

Este es un buen momento para hacer un paréntesis y decir unas palabras acerca de la luna de miel. Tratamos de encerrarla en tres días o una semana a lo sumo. Se supone que sea un lecho de rosas pero para muchas personas es un momento muy decepcionante. Si Dios sugirió un año de placer, ¿qué nos hace pensar que podemos alcanzar el paraíso sexual en tres días? Permítanme reiterar que la unidad sexual toma tiempo.

La típica luna de miel es un momento de mucha presión. Durante semanas, ha estado dedicando su energía en preparación para la boda. Las despedidas de solteros ya terminaron. Ya les tiraron el último puñado de arroz y ahora están solos. El agotamiento físico y emocional no es buena compañía para una experiencia sexual significativa. La adaptación sexual comienza en desventaja.

"Recuerdo que estábamos agotados", dijo una mujer. "Estábamos alojados en uno de los mejores hoteles de Chicago, en una bella y espaciosa habitación. Nos sentamos junto a la ventana durante un rato como medio aturdidos, mirando el tránsito de la calle Lake Shore y admirando la inmensa fuente de frutas, cortesía del hotel, sobre la mesa de centro. Finalmente, llegó la hora de irnos a la cama Y... nos fue bien pero nos dimos cuenta de que los dos necesitábamos urgentemente dormir".

No esperen demasiado de la luna de miel. En el mejor de los casos, es solo el comienzo de lo que vendrá después. El disfrute sexual en la luna de miel será mínimo en comparación con el disfrute un año después si se dedican a cultivar la unidad.

Estrechamente relacionado con la idea del placer está el concepto del amor. Uno de los deseos del amor es dar placer al ser amado; por tanto, las relaciones sexuales dentro del matrimonio se convierten en un método muy significativo de expresar el amor. Es una de las voces más fuertes del amor. Esto significa que cada cónyuge debe pensar en el placer del otro (Fil. 2:3-4). El esposo deberá darle placer a su esposa y la esposa deberá darle placer al esposo. Es en la autoentrega mutua que el amor encuentra su más alta expresión.

Las necesidades de él y las de ella ¡son diferentes!

"¡Pero mírate!", exclama el esposo con admiración mientras él y su esposa se visten por la mañana. "¿Cómo es posible que él pueda pensar en eso ahora?", se pregunta mientras busca sus pantalones negros. La respuesta es la fisiología. Y la psicología. Todos hemos oído hablar mucho acerca de las diferencias entre mujeres y hombres en los últimos años pero un curso de actualización resultaría útil, e incrementaría la unidad.

Debe señalarse, por ejemplo, que para el hombre, el apetito sexual es más físico que para la mujer. Es decir, las gónadas masculinas están continuamente produciendo espermatozoides. Los espermatozoides, conjuntamente con el semen, se almacenan en las vesículas seminales. Cuando las vesículas seminales se llenan, existe una demanda física de emisión. En el sexo femenino no existe nada que se asemeje a esto.

Para la mujer, la necesidad sexual es más emotiva que física. Las implicaciones de esta diferencia se observan fácilmente. Por ejemplo, el esposo tendría poca dificultad en tener relaciones sexuales una hora después de una desagradable y violenta discusión con su esposa. Por el contrario, para la esposa, esto sería prácticamente imposible. Sus sentimientos intervienen demasiado. No puede tener una significativa satisfacción sexual cuando las cosas no marchan bien en otras esferas de la relación.

Las sugerencias que aparecen más adelante muestran que, para la esposa, las buenas relaciones sexuales comienzan por la mañana y van en ascenso con todas las pequeñas expresiones de amabilidad por parte del esposo durante todo el día. La amabilidad y la consideración por parte del esposo preparan el terreno para una experiencia sexual significativa.

Tenemos que comprender las diferencias en la respuesta físico-emocional entre hombres y mujeres en el acto sexual en sí. El esposo tiende a llegar a un clímax físico-emocional con bastante rapidez y después del clímax, sus emociones bajan rápidamente, en tanto que la esposa es mucho más gradual en sus cambios emocionales, tanto antes como después del clímax. Esta diferencia tiene muchas implicaciones para el esposo y la esposa que desean tener una unidad física (como indican las sugerencias de las páginas siguientes).

Está fuera del alcance del propósito de este libro tratar todos los detalles de la adaptación sexual. Hay excelentes materiales a los que se puede recurrir (vea Recursos).

Estos libros deben estar en la biblioteca de cada pareja.

A modo de conclusión

Algunas personas quisieran que la vida fuera como en Hollywood donde bellas estrellas con cuerpos perfectos se unen en la pantalla con una pasión total y libre de problemas. Sin embargo, Dios, en su infinita sabiduría, nos dio el don del sexo para procrear hijos, dar placer y acercar más al esposo y la esposa en la íntima unión del matrimonio. Quiere que ustedes dos pasen la vida entera explorándose física, espiritual, intelectual y emocionalmente. ¡Eso no significa que no habrá ajustes o retos! Pero como eso es lo mejor que Dios quiere para ustedes, el viaje hacia la intimidad merece la pena el empeño.

AHORA LE CORRESPONDE A USTED

1. *¿Cómo calificaría usted el aspecto sexual en su matrimonio?*

   ____ *excelente*   ____ *bueno*   ____ *aceptable*   ____ *malo*

2. *En un párrafo, escriba su actitud hacia el aspecto sexual en su matrimonio.*

3. *Si usted es esposa lea: "Sugerencias que las esposas les han hecho a los esposos: Qué hacer para que las relaciones sexuales sean más significativas" y marque los asuntos que a usted le gustaría mencionarle a su esposo.*

4. *Si usted es esposo lea: "Sugerencias que los esposos les han hecho a las esposas: Qué hacer para que las relaciones sexuales sean más significativas" y marque los asuntos que a usted le gustaría mencionarle a su esposa.*

5. *Cuando los dos se estén sintiendo bien y dispuestos a mejorar, analicen entre ustedes los temas que marcaron. Concéntrense en lo que está diciendo su pareja, en vez de tratar de defenderse. El objetivo de la conversación es mejorar, no defenderse.*

6. *En otro momento, escriba para usted mismo lo que usted puede hacer y hará para mejorar la unidad física con su cónyuge. Pasado un mes, revise la lista para ver qué mejorías ha tenido. Plantéese nuevas metas todos los meses.*

SUGERENCIAS QUE LOS ESPOSOS LES HAN HECHO A LAS ESPOSAS:

Qué hacer para que las relaciones sexuales sean más significativas.

1. Sé agresiva a veces.
2. Sé innovadora e imaginativa.
3. No te de vergüenza demostrar que lo estás disfrutando.
4. Sé atractiva a la hora de acostarte. Ponte otra ropa que no sean camisones "a lo abuelita" o la pijama de todos los días. .
5. Haz cosas para atraerme la atención; los hombres se excitan fácilmente por la vista.
6. Habla más abiertamente sobre el sexo. Expresa que estás preparada para el acto sexual como tal después que el juego amoroso preliminar te haya excitado lo suficiente.
7. Acuéstate más temprano.
8. No me hagas sentir culpable de noche por mis imperfecciones de día (no ser lo suficientemente afectuoso, etc.)
9. Prolonga la relación sexual de vez en cuando.
10. Estate más atenta a mis necesidades y deseos como hombre.
11. Participa más plena y libremente en el acto sexual; sé más dócil y abierta.
12. Permite la variedad en cuanto al momento del acto sexual (no siempre por la noche).
13. Muestra más deseo y entiende que las caricias y los juegos amorosos son tan importantes para mí como lo son para ti.
14. No permitas que te sientas disgustada por los sucesos cotidianos que no salen bien.
15. Distraernos juntos al menos una vez a la semana.
16. No juegues siempre a hacerte la difícil.
17. Despeja la mente de las cosas cotidianas (las de hoy y las de mañana) y concéntrate en lo que nos ocupa: El amor.
18. No trates de fingir que estás disfrutando.
19. No trates de castigarme negándome el sexo o dándomelo de mala gana.
20. Trátame como si fuera tu amante.

SUGERENCIAS QUE LAS ESPOSAS LES HAN HECHO A LOS ESPOSOS:

Qué hacer para que las relaciones sexuales sean más significativas.

1. Muestra más afecto y atención durante el día; cuando llegues del trabajo, bésame en el cuello.
2. Dedícale más tiempo al juego amoroso; el amor, el juego y los comentarios románticos son importantes.
3. Fomenta el acto sexual en distintos momentos en vez de siempre de noche cuando estamos cansados.
4. Sé más comprensivo cuando estoy enferma de verdad.
5. Sé agresivo y no esperes a que yo tome el primer paso.
6. Acéptame como soy; acéptame aun cuando me veas en mi peor faceta.
7. De vez en cuando, dime que me amas y no solo cuando estamos en la cama; llámame a veces simplemente para decirme: "¡Te amo!" No te avergüences de decirme: "Te amo" delante de otras personas.
8. Mientras me esté duchando, pon música suave en la radio.
9. Honra a Cristo como cabeza del hogar.
10. Muéstrate delicado y amoroso por lo menos una hora antes de iniciar el sexo.
11. Ayúdame a sentirme que soy atractiva sexual y románticamente halagándome a menudo.
12. Dime lo que te gusta y cuándo estás excitado, expresa tus deseos más abiertamente. Comparte tu ser conmigo más plenamente.
13. Trata de no eyacular tan pronto.
14. Medita conmigo acerca de tus problemas y victorias; déjame expresarte mis necesidades.
15. Aprecia la belleza de la naturaleza y comparte esa apreciación conmigo.
16. Asume más responsabilidad en cuanto a preparar a los niños para la cama, de ese modo podré sentirme descansada y compartir mejor la noche contigo.
17. Sé paciente conmigo. No te burles de mi lentitud para alcanzar el clímax.

18. No abordes las relaciones sexuales como si fuera un formulismo. Haz que cada vez sea una nueva experiencia. No permitas que la relación sexual se vuelva aburrida haciendo las mismas cosas una y otra vez; prueba cosas nuevas o lugares nuevos.

19. Nunca trates de hacer el amor conmigo cuando albergues sentimientos negativos hacia mí o cuando sepas que las cosas no andan bien; que haya armonía entre nosotros para que la relación sexual sea realmente un acto de amor.

20. De vez en cuando, piensa en algo agradable que decir acerca de mí delante de los demás.

CAPÍTULO 8

Dejar y honrar a los padres

RECUERDO UNA OCASIÓN en que tuve una conversación con mi suegro antes de casarme", decía un esposo. "Él me dijo algo así como 'dale una buena vida. Cuídala'. Él no era de los que daban muchos consejos y ya falleció pero no he olvidado lo que me dijo, como si me hubiera entregado algo en custodia".

"Cuando me casé, mi suegra me sacaba de mis cabales", dijo la esposa de ese hombre. "Me quejaba muchísimo a mi esposo, que dicho sea en su honor, me daba su apoyo. Al mismo tiempo, yo podía ver lo unidos que estaban él y su mamá y me di cuenta de que no quería que perdieran eso. A medida que fue envejeciendo, empecé a pensar en lo que significa 'honrar' a los padres y los suegros. Es una orden, no una opción... ¡aunque todavía a veces me crispa los nervios!"

Para bien y a veces para mal, nuestros padres y suegros forman, de manera estrecha e inextricable, parte de nuestra vida. Pero recién casados o "matrimonio de años", ¿cómo pueden formar ellos parte de nuestras vidas?

Nos necesitamos mutuamente. La pareja de recién casados necesita del cariño y la sabiduría que provienen de una relación sincera con ambos padres y los padres necesitan del cariño y la compañía (y quizá, de los nietos) que provienen de la pareja. La vida es demasiado corta para vivirla con relaciones deterioradas. Si hay conflictos en la relación, el principio de la confesión y el perdón tratado en el capítulo 2 es aplicable tanto a los suegros como a los cónyuges. No tenemos que convenir en todo para tener una relación sincera pero la amargura y el resentimiento siempre son incorrectos (Ef. 4:31). La libertad mutua y el respeto mutuo deben ser el principio rector para los padres y los hijos casados.

¿Qué pautas nos propone la Biblia para las relaciones con los suegros? ¿Cómo debe responder la pareja a las ideas, sugerencias y necesidades de los padres? ¿Qué podemos hacer cuando vemos a los padres destruir la unidad matrimonial? Hay que tener dos principios en cuenta si vamos a seguir el modelo bíblico en nuestras relaciones con los suegros: una nueva lealtad y el honor continuado.

"Dejar" a los padres

En Génesis 2:24 leemos: "Por tanto, dejará el hombre a su padre y a su madre, y se unirá a su mujer, y serán una sola carne". Este principio se repite en Efesios 5:31. El modelo de Dios con respecto al matrimonio implica "dejar" a los padres y "unirse" al compañero o la compañera. El matrimonio implica un cambio de lealtad. Antes del matrimonio, la lealtad de uno es a los padres pero después del matrimonio, la lealtad cambia al cónyuge.

Los psicólogos lo llaman: "Despegarse de las faldas de la madre". Ya la persona no se apoya en los padres, sino más bien en su cónyuge. Si existe un conflicto de intereses entre la esposa de un hombre y su madre, el esposo deberá respaldar a la esposa. Esto no significa que se tratará mal a la madre. Ese es el segundo principio, el cual trataremos en breve. Sin embargo, el principio de separación de los padres es sumamente importante. Ninguna pareja podrá alcanzar plenamente su potencialidad en el matrimonio sin esta ruptura psicológica de los padres.

¿Qué significa este principio en la práctica? Creo que sugiere que la pareja de casados viva aparte. Mientras vive con los padres, la pareja de casados no puede desarrollar su independencia tan fácilmente como cuando vive sola. La dependencia de los padres aumentará mientras la pareja viva con los padres. Es mejor vivir en un pequeño apartamento con la libertad de desarrollar su propio estilo de vida bajo Dios que una vida de lujo eclipsada por los padres. Los padres deben estimular dicha independencia y el hecho de poder proporcionar una morada independiente deberá ser un factor a tener en cuenta para fijar la fecha de la boda.

El principio de "dejar" a los padres también es importante para la toma de decisiones. Los padres pueden tener sugerencias acerca de muchos aspectos de la vida de casados de los hijos y yernos. Cada una de esas sugerencias debe tomarse seriamente pero en última instancia, la pareja debe tomar sus propias decisiones. No se deben tomar decisiones sobre la base de lo que haría felices a los padres, sino sobre la base de lo que haría feliz al cónyuge. Bajo Dios, la pareja es una unidad fusionada por su Espíritu para vivir el uno para el otro (Fil. 2:3-4).

Esto significa que puede llegar el momento en que el esposo tenga que decirle a su madre: "Mamá, tú sabes que yo te quiero mucho pero también sabes que ahora estoy casado. No puedo romper mi matrimonio para hacer lo que tú deseas. Te quiero y deseo ayudarte pero debo hacer lo que yo crea que es lo mejor para mi esposa y yo. Espero que entiendas porque deseo continuar teniendo la relación afectuosa que hemos tenido a través de los años. Pero si no entiendes, entonces ese es un problema que tendrás que resolver. Yo debo entregarme a cimentar mi matrimonio".

Si las palabras anteriores le parecen duras, esté agradecido. Eso es porque usted no se ha tropezado con una suegra testaruda, egoísta e interesada solo en lo material. Tales suegras existen y firmeza con amor es la respuesta bíblica para corregir dicha situación. El esposo no debe permitir que su madre continúe controlando su vida después de casado. Ese no es el modelo bíblico.

Prestar atención a la sabiduría de los padres

Por otro lado, debe prestárseles la atención debida a las sugerencias de los padres. Nuestros padres son más viejos y quizás más sabios. En Éxodo 18 podemos encontrar un buen ejemplo de la sabiduría de los suegros. Moisés estaba trabajando desde la mañana hasta la tarde juzgando al pueblo de Israel. La sala de espera siempre estaba llena y no había tiempo para recesos: "...el suegro de Moisés le dijo: No está bien lo que haces. Desfallecerás del todo, tú, y también este pueblo que está contigo; porque el trabajo es demasiado pesado para ti; no podrás hacerlo tú solo. Oye ahora mi voz; yo te aconsejaré" (vv. 17-19).

Le sugirió dividir la multitud en grupos de miles, de cientos, de cincuentas y de diez y delegar autoridad en otros hombres capaces que juzgarían a las personas que tuvieran bajo su jurisdicción. Moisés estaría libre entonces para estar más tiempo con Dios y enseñarle al pueblo la ley de Dios (vv. 19-20). Por ende, su mundo sería más bien un ministerio "preventivo" que un ministerio de "crisis". Solo le llevarían los casos difíciles para ser juzgados por él (v. 22).

Moisés vio que era una sugerencia sabia y la aceptó. Al hacerlo, reveló su propia madurez. No tenía que rebelarse ante una buena idea solo porque viniera de su suegro. Se sentía lo suficientemente seguro en su autoestima que podía aceptar una buena idea independientemente de su procedencia.

El principio de separación de los padres también tiene sus implicaciones cuando surgen conflictos en el matrimonio. La joven esposa que siempre se ha apoyado mucho en la madre tendrá la tendencia de ir a ella a quejarse cuando surgen problemas en el matrimonio. Al otro día, el esposo reconoce que estaba equivocado, pide perdón y vuelve la armonía. La hija no le dice esto a la madre. La próxima vez que surge otro conflicto, de nuevo confía en la madre. Esto se convierte en norma y dentro de poco, la madre empieza a tener una actitud de resentimiento hacia el yerno e incita a la hija a que se separe de él. La hija ha sido muy injusta con su esposo y no ha seguido el principio de "dejar" a los padres.

Si usted tiene conflictos en su matrimonio (y la mayoría los tenemos), trate de resolverlos a través del enfrentamiento directo con su cónyuge. El conflicto debe constituir un peldaño en el camino hacia el perfeccionamiento. Si piensa que necesita ayuda externa, entonces acuda a su pastor o a un consejero matrimonial cristiano. Ellos están adiestrados y preparados por Dios para brindar asistencia práctica. Ellos son capaces de ser objetivos y proporcionar pautas bíblicas. Para los padres es casi imposible ser objetivos.

Honrar a los padres

El segundo principio de nuestra relación con los padres se encuentra en Éxodo 20:12 y es uno de los Diez Mandamientos: "Honra a tu padre y a tu madre, para que tus días se alarguen en la tierra que Jehová tu Dios te da". Se repite en Deuteronomio 5:16 y Efesios 6:2.

La orden de honrar a los padres nunca ha rescindido. Mientras vivan, es justo honrarlos. En Efesios 6:1, el apóstol Pablo dice: "Hijos, obedeced en el Señor a vuestros padres, porque esto es justo". La obediencia hacia los padres es la regla desde el nacimiento hasta el matrimonio. Pablo dice a continuación: "Honra a tu padre y a tu madre, que es el primer mandamiento con promesa; para que te vaya bien, y seas de larga vida sobre la tierra" (vv. 2-3). Honrar a los padres es la regla desde el nacimiento hasta la muerte. Honrar fue la orden original y tiene eterna vigencia.

La palabra honrar significa "mostrar respeto". Implica tratar a las personas con amabilidad y dignidad. Es cierto que no todos los padres llevan vidas respetables. Sus acciones pueden no ser dignas de honor pero como fueron hechos a la imagen de Dios, son dignos de honor. Pueden respetarse por su humanidad y por su condición de padres, aun cuando no se pueda respetar sus acciones. Siempre es justo honrar a los padres propios y a los del cónyuge. "Dejar" a los padres a efectos del matrimonio no borra la responsabilidad de honrarlos.

¿Cómo se expresa este honor en la vida diaria? Se honran en

119

acciones prácticas tales como las visitas, las llamadas telefónicas y las cartas, por medio de las cuales les comunicamos que aún los queremos y que deseamos compartir la vida con ellos. "Dejar" nunca debe interpretarse como "desertar". Mantener la comunicación con regularidad es esencial para honrar a los padres. No comunicarse con los padres es como decir: "Ya no me interesan".

Es necesario decir una cosa más acerca de la comunicación con los padres. Se debe dar un trato por igual a los padres de ambos cónyuges. Recuerde: "...no hay acepción de personas para con Dios" (Ro. 2:11). Debemos seguir su ejemplo. En la práctica, esto significa que nuestras cartas, llamadas telefónicas y visitas deben indicar nuestro acatamiento del principio de igualdad. Si a unos padres se les llama por teléfono una vez al mes, entonces a los otros padres se les debe llamar una vez al mes. Si unos reciben una carta o un correo electrónico una vez a la semana, entonces los otros deben recibir lo mismo. La pareja también debe tratar de ser equitativa en lo tocante a visitas, comidas y vacaciones.

Cuando su cónyuge critique los defectos de sus padres, señale usted sus virtudes.

Quizá las situaciones más difíciles surgen durante los días festivos, el Día de acción de gracias y en Navidad. La madre de la esposa quiere que vayan a la casa el día de Nochebuena. La madre del esposo quiere que vayan a cenar el día de Navidad. Eso es posible si viven en la misma ciudad pero cuando viven a 800 kilómetros de distancia, se hace imposible. La solución puede estar basada en el principio de la igualdad. Esto puede significar pasar las Navidades con unos padres un año y con los otros padres el año siguiente.

"Honrar" también implica que hablemos con amabilidad a los padres y los suegros. Pablo advierte: "No reprendas al anciano, sino exhórtale como a padre" (1 Ti. 5:1). Debemos ser comprensivos y compasivos. Sin duda debemos decir la verdad pero siempre en amor (Ef. 4:15). El mandato de Efesios 4:31-32 debe tomarse en serio en nuestra relación con los padres: "Quítense de vosotros toda amargura, enojo, ira, gritería y maledicencia, y toda malicia. Antes sed benignos unos con otros, misericordiosos, perdonándoos unos a otros, como Dios también os perdonó a vosotros en Cristo". Otra implicación de honor a los padres se describe en 1 Timoteo 5:4: "Pero si alguna viuda tiene hijos, o nietos, aprendan éstos primero a ser piadosos para con su propia familia, y a recompensar a sus padres; porque esto es lo bueno y agradable delante de Dios".

Cuando éramos jóvenes, nuestros padres atendían nuestras necesidades físicas. A medida que ellos envejecen, puede que nosotros tengamos que hacer lo mismo por ellos. Si esa necesidad surgiere, debemos asumir la responsabilidad de atender las necesidades físicas de nuestros padres. No cumplir dicha responsabilidad es negar nuestra fe en Cristo (1 Ti. 5:8). A través de nuestras acciones, debemos mostrar nuestra fe en Cristo y honor para nuestros padres.

Si pudiera hacer otra sugerencia práctica, aconsejaría que aceptaran a los suegros tal como son. No piense que tienen el deber de cambiarlos. Si no son cristianos, por supuesto que usted orará por ellos y buscará oportunidades de presentarle a Cristo, pero no trate de amoldarlos a usted. Usted espera que ellos le den independencia para poder desarrollar su matrimonio. Déles a ellos lo mismo.

No critique a sus suegros ante su cónyuge. La responsabilidad de su cónyuge es la de honrar a sus padres. Cuando usted los critica, hace que le sea más difícil seguir esta fórmula. Cuando su cónyuge critique los defectos de sus padres, señale usted sus virtudes. Acentúe las cualidades positivas y estimule el honor.

En la Biblia hay algunos bellos ejemplos de relaciones sanas entre los individuos y sus suegros. Moisés tenía tal relación con Jetro, su suegro, que cuando le informó del llamado de Dios de irse de Madián para conducir a los israelitas fuera de Egipto "Jetro dijo: Ve en paz" (Éx. 4:18). Luego, después del éxito de la empresa de Moisés, su suegro fue a verlo.

El tren de la voluntad de Dios debe correr por las vías paralelas de la separación de los padres y la devoción hacia los padres.

121

"Y Moisés salió a recibir a su suegro, y se inclinó, y lo besó; y se preguntaron el uno al otro cómo estaban, y vinieron a la tienda" (Éx. 18:7). Fue en esta visita que Jetro le dio a Moisés el consejo del que hablamos anteriormente. Su franqueza para con su suegro muestra en parte la naturaleza de su relación.

Rut y Noemí sirven de ejemplo de la devoción de una nuera por su suegra después de la muerte de ambos esposos. Jesús dirigió uno de sus milagros a la suegra de Pedro y ella a su vez sirvió a Jesús (Mt. 8:14-15).

La libertad y la armonía son el ideal bíblico concerniente a las relaciones con los suegros. El tren de la voluntad de Dios debe correr por las vías paralelas de la separación de los padres y la devoción hacia los padres.

Unas palabras a los padres

¿Y si usted es uno de los suegros que está leyendo esto? Le pido que recuerde la escena de la boda de su hijo o hija. Fue más o menos así:

"Ahora los declaro marido y mujer", dice el pastor. La nueva pareja está radiante; no tienen ojos más que para ellos. Ustedes, sentados en la parte delantera de la iglesia, derraman una lágrima, o lloran más abiertamente. Esta es la culminación del trabajo realizado por ustedes. Desde el momento de su nacimiento hasta el matrimonio, ustedes han estado entrenando a sus hijos para la independencia.

De hecho, antes que sus hijos se casen, ustedes los han estado entrenando para valerse por sí mismos y funcionar como personas maduras bajo Dios. Usted les enseñó a preparar la comida, fregar, tender la cama, comprar ropa, ahorrar dinero y tomar decisiones responsables. Usted les enseñó el respeto hacia la autoridad y el valor del individuo. En fin, usted y su cónyuge han procurado encaminarlos a la madurez.

Ahora, con el matrimonio, el entrenamiento termina y su independencia se cristaliza. Es de esperar que usted los haya ayudado a transitar de un estado de total dependencia de los padres cuando eran niños al de total independencia como recién casados. A partir de este momento, usted y su cónyuge deben verlos como adultos que trazarán su propio derrotero para bien o para mal. Como padres, nunca más deben imponerles su voluntad. Deben respetarlos como iguales.

¿Cuál es, entonces, nuestra función como suegros? La intervención de los padres en la vida de los recién casados ha cambiado desde la época en que las parejas a menudo se casaban acabados de salir de la escuela secundaria o estando en la universidad. En la actualidad, la edad promedio de casamiento es alrededor de los 25 años. A menudo, los miembros de la nueva pareja han estado viviendo solos, cada uno por su cuenta, a distancia. Los padres nacidos después de la Segunda Guerra Mundial, algunos casados, otros no, están ocupados haciendo su propia vida y ejerciendo sus carreras y es menos probable que deseen interferir en la vida de sus hijos adultos.

¿O sí?

Algunas cosas no cambian. Todos los padres desean que sus hijos adultos empiecen con el pie derecho. Con la ventaja de la experiencia y muy de desear, un poco de sabiduría, deseamos transmitirles sabios consejos, o al menos ayudar a los muchachos a procurar no cometer los mismos errores que cometimos nosotros.

Indiscutiblemente, los padres deben sentirse en libertad de aconsejar a la joven pareja (aunque siempre es mejor esperar a que lo pidan). Aun así, los padres deben tratar de no imponer sus consejos a la joven pareja.

Ofrezca sugerencias si se las piden, o si opina que es su obligación darlas pero luego retírese y déle libertad a la pareja para tomar sus propias decisiones. Es muy importante que usted no exprese resentimiento si no siguen sus sugerencias. Ofrézcales la ventaja de su sabiduría pero la libertad de cometer sus propios errores. Esto es tan difícil como cuando los hijos eran más jóvenes... pero es la única manera de que lleguen a madurar y crecer.

Y la ayuda financiera ¿qué? El pecado capital de los padres es usar la ayuda financiera para coaccionar a la joven pareja a avenirse a los deseos de los padres: "Les compraremos un juego de dormitorio si se mudan a la casa del lado". Hacer regalos no es un problema si se dan por amor y sin condiciones. Pero los regalos que se dan con condiciones se convierten en instrumentos en vez de regalos. Los padres deben impedir resueltamente caer en esa tentación.

Eso no significa que no los ayudarán más pero sí significa que toda la ayuda será dada de manera responsable a fin de reforzar la independencia en vez de la dependencia. Es decir, si prestamos ayuda financiera, debe de ser con vista a ayudarlos a no depender de nuestra ayuda en vez de hacerlos dependientes de ella. No debemos ayudarlos a establecer un estilo de vida que no esté a su alcance y que no puedan mantener ellos solos.

A modo de conclusión

Muchos padres e hijos casados encuentran nuevas alegrías a medida que la familia se amplía. No importa si ustedes viven al doblar de la esquina o en el otro extremo del país, ustedes también pueden descubrir nuevas alegrías, como Dios manda y los prepara para ello.

AHORA LE CORRESPONDE A USTED

1. *¿Tiene usted algún problema con sus padres o los padres de su cónyuge? Si la respuesta es positiva, escriba dichos problemas en términos específicos.*

2. *¿Cuáles de los principios tratados en este capítulo han violado sus padres o suegros? Escríbalos. Sea específico. (Lea esta sección de nuevo si es preciso.)*

3. *¿Cuáles de los principios tratados en este capítulo han violado ustedes o su cónyuge con respecto de sus padres o suegros? Escríbalos en términos específicos.*

4. *¿Qué usted cree que debe hacerse para rectificar la situación? Sea específico.*

5. *Antes de debatir el análisis hecho por usted con su cónyuge, pídale que lea la sección que trata acerca de los suegros en este capítulo y haga que realice los ejercicios del 1-4.*

6. *A una hora señalada, reúnanse para debatir el problema. Léanse la exposición del problema mutuamente y comprueben si:*

   a. *-coinciden en el problema;*
   b. *-coinciden en sus defectos y*
   c. *-coinciden en las acciones que deben tomarse para rectificar la situación.*

   De no ser así, continúen el debate, ahora o en otro momento, hasta que logren acordar una acción constructiva.

7. *Habiendo acordado la acción correspondiente, pongan el plan en acción. Oren el uno por el otro y por sus padres y suegros. (Si el plan incluye un enfrentamiento con los padres, por lo general es mejor que la hija o el hijo hable con sus padres en vez de con los suegros.)*

8. *No deje de plantearse en qué medida debe cambiar su conducta hacia sus suegros y padres. ¿Su conversación y su conducta indican que usted los "honra"? Sea sincero. (El respeto engendra respeto.)*

9. *Todo lo que haga, hágalo con bondad y firmeza. Recuerde que su deseo es mejorar la relación, no destruirla.*

CAPÍTULO

9

El amor y el dinero

A VECES PARECE que mientras más tenemos, más discutimos acerca de lo que tenemos. El matrimonio más pobre de los Estados Unidos de América tiene abundancia en comparación con las grandes masas de la población mundial. Estoy convencido de que el problema no radica en la cantidad de dinero que posee la pareja, sino en la actitud hacia el dinero y la forma en que lo administran.

"Creo que la mayoría tenemos en la mente la idea de una 'suma mágica' que parece ser el parámetro de lo que nos haría felices de una vez por todas", reflexionaba una mujer con cierto pesar: "Es curioso cómo eso sigue aumentando lentamente. Hace unos años, un ingreso anual de 40 mil dólares parecía espléndido. Bueno, pues llegamos a esa cifra. Después 50 se convirtió en la meta. También llegamos a esa cifra y con toda honestidad, el cambio fue significativo. Al menos podíamos estar al día en el pago de las cuentas; no estábamos totalmente sin dinero. Pero aún así no era suficiente..."

¿"Más" significa "mejor"?

La escritora Jeanette Clift George ha dicho: "Lo trágico de la vida no es no poder lograr lo que uno trata de conseguir. ¡Lo trágico de la vida es conseguirlo y descubrir que no valía la pena la molestia!"

La mayoría de las parejas da por sentado que si cada uno de ellos ganara 200 dólares más al mes podrían pagar los gastos. Pero la verdadera satisfacción no está en el dinero (ninguna cantidad), sino en: "La justicia, la piedad, la fe, el amor, la paciencia, la mansedumbre", en fin, vivir con Dios de acuerdo con sus valores (1 Ti. 6:11). Hacer el bien, responder a otros como respondería Dios, expresar amor, ser paciente con los defectos y tener una visión objetiva de uno mismo, estas son las cosas que le traen verdadera satisfacción al matrimonio.

En una ocasión, pude visitar dos hogares opuestos. El primero era una casa pequeña de tres habitaciones. Entré a la sala donde había un fogón de keroseno de un solo quemador en el centro. En una esquina se hallaba el bebé en su pequeña cuna; en la otra esquina, el perro. Las paredes tenían un solo cuadro, que acompañaba al almanaque. Dos sillas de madera de respaldar recto y un viejo sofá descansaban sobre un piso de madera sin pulir. Las puertas que conducían a la cocina a la izquierda y al cuarto a la derecha eran del tipo de puerta antigua de listones hechas a mano, con ranuras entre los listones.

Era un ambiente exiguo según los parámetros contemporáneos norteamericanos pero el calor humano que yo sentí durante mi visita a esa pareja fue increíble. Era evidente que se amaban, amaban a su bebé y amaban a Dios. Eran felices. La vida era emocionante.

Cuando salí de allí, fui al otro extremo de la ciudad y conduje mi auto por una entrada que llevaba a una bella y espaciosa casa de ladrillos. Los pies se me hundieron en la alfombra cuando entré a la casa. Vi bellos cuadros en la pared cuando pasé a la sala. El fuego de la chimenea tenía un calor agradable (si bien su función era estética) y el perro estaba tumbado sobre un sofá ultramoderno.

Me senté para hacer la visita pero al poco rato de estar allí, me di cuenta de que el único calor en esa familia estaba en la chimenea. Percibí frialdad y hostilidad envueltas en dinero. Esa noche, me fui a casa diciendo: "Mi Dios, si alguna vez tengo que escoger entre las dos, dame la casa de tres habitaciones con el calor y afecto de la esposa y la familia". La vida no consiste de objetos sino en las relaciones: Primero con Dios y en segundo lugar con las personas.

No quiero idealizar la pobreza. La lucha y las privaciones constantes son igualmente dañinas para el espíritu. Además, hay muchas parejas acomodadas que quienes las forman son verdaderos siervos de Dios. Pero esto hay que verlo en su verdadera dimensión, como nos recuerda Jesús: "Mas buscad primeramente el reino de Dios y su justicia, y todas estas cosas os serán añadidas" (Mt. 6:33). "Estas cosas" incluyen comida, ropa y techo (v. 25). La preocupación con el dinero, ya sea tenerlo o no tenerlo, puede distorsionar nuestra relación con Dios y con nuestro cónyuge.

La mayoría tenemos que trabajar para ganarnos la vida y es a través de ese acto que Dios normalmente satisface nuestras necesidades. Pero el trabajo es solo uno de los actos "justos". Hay muchos más: la piedad, la fe, el amor, la paciencia y la humildad. No debemos permitir que el afán por el dinero erosione esos aspectos más importantes, no sea que dejemos pasar la vida y descubramos que el dinero es inútil.

Jesús nos advirtió contra este peligro cuando dijo: "Ninguno puede servir a dos señores; porque o aborrecerá al uno y amará al otro, o estimará al uno y menospreciará al otro. No podéis servir a Dios y a las riquezas" (Mt. 6:24). El dinero es un sirviente excelente pero un mal amo; un medio útil pero un fin vano. Cuando el dinero se convierte en nuestro dios, entonces realmente estamos en quiebra.

Usar lo que Dios nos da

Dios se preocupa por la forma en que usamos lo que Él nos da (Mt. 25:14-30). El Señor le dijo al fiel administrador: "Bien, buen siervo y fiel; sobre poco has sido fiel, sobre mucho te pondré" (v. 21), "porque a todo aquel a quien se haya dado mucho, mucho se le demandará" (Lc. 12:48).

Los recursos financieros, ya sean abundantes o modestos, tienen grandes posibilidades para hacer el bien. Como administradores, tenemos la responsabilidad de utilizar de la mejor manera todo lo que se nos confía. Las actividades de planificar, comprar, ahorrar e invertir sensatamente son todas parte de nuestra administración.

Un aspecto de una fiel administración es dar a Dios a través de la iglesia y otras organizaciones cristianas. El modelo del acto de dar, establecido en el Antiguo Testamento y elogiado en el Nuevo Testamento, es el del diezmo. Es decir, dar la décima parte de los ingresos a la obra directa del Señor (Lv. 27:30; Mt. 23:23).

Pero más importante aun que la cantidad o el por ciento es nuestra actitud hacia el acto de dar. Las Escrituras indican que debemos dar deseosamente. El acto cristiano de dar es un acto de voluntad animado por el amor a Dios, no un deber legalista hecho para ganar méritos. Al respecto, Pablo dice:

> El que siembra escasamente, también segará escasamente; y el que siembra generosamente, generosamente también segará. Cada uno dé como propuso en su corazón: no con tristeza, ni por necesidad, porque Dios ama al dador alegre. Y poderoso es Dios para hacer que abunde en vosotros toda gracia, a fin de que, teniendo siempre en todas las cosas todo lo suficiente, abundéis para toda buena obra. (2 Co. 9:6-8)

A muchas personas les gusta reclamar la gracia y la abundancia de Dios pero no se percatan de que esa promesa se le hace al dador alegre. Las Escrituras dicen que uno de los propósitos de trabajar por un salario es para poder dar a los necesitados: "El que hurtaba, no hurte más, sino trabaje, haciendo con sus manos lo que es bueno, para que tenga qué compartir con el que padece necesidad" (Ef. 4:28). Para los cristianos, cualquier deliberación acerca de las finanzas debe incluir previsiones para dar regular, proporcional y alegremente a las cosas de Dios.

Tuyo, mío y nuestro

Al buscar la unidad en el matrimonio, resulta importante recordar que en los inicios y a partir de entonces, ya no será "mi dinero" y "tu dinero", sino más bien "nuestro dinero". Así mismo, ya no serán "mis deudas" y "tus deudas", sino "nuestras deudas". Si se casa con un recién graduado que debe cinco mil dólares por concepto de préstamo para gastos de estudios y usted debe cincuenta dólares de gasolina, al final de la ceremonia ambos deben colectivamente cinco mil cincuenta dólares. Cuando las personas se aceptan mutuamente como cónyuges, aceptan las deudas así como los bienes.

Antes del matrimonio, la pareja debe revelar información completa sobre sus bienes y deudas. No es incorrecto entrar al matrimonio con deudas pero es necesario saber en qué consisten esas deudas y se debe acordar un plan y un calendario de pago. Puesto que se convertirán en "nuestras" deudas, entonces "nosotros" tenemos que conversar y acordar un plan de acción.

He conocido parejas que no discutieron este tema suficientemente antes del matrimonio y después de la boda descubrieron que entre los dos tenían una deuda tan grande que ya se sentían con una soga financiera al cuello. Qué trágico tener que comenzar un matrimonio con tal desventaja. En mi opinión, una deuda grande sin recursos objetivos para pagarla es causa suficiente para posponer una boda. La irresponsabilidad financiera antes del matrimonio es un indicador de irresponsabilidad financiera después del matrimonio. La mayoría de las parejas tienen deudas al casarse, por ejemplo, préstamos para estudios y la revelación completa de información por parte de ambos les permitirá enfrentar el matrimonio de manera realista.

Los bienes también se convierten en bienes conjuntos. Puede que ella tenga seis mil dólares en una cuenta de ahorros y él, solamente cincuenta dólares, pero cuando decidieron casarse, "ellos" tienen seis mil ochenta dólares. Si no se siente cómodo con este concepto de "unidad", entonces no está preparado aún para el matrimonio. ¿No establecimos que el motivo mismo del matrimonio es la unidad? Cuando de finanzas se trata, hay que encaminarse a la unidad.

Puede haber casos en que, debido a que tienen grandes propiedades, sería prudente que la pareja retuviera la posesión individual de determinados inmuebles o bienes a los efectos de impuestos pero para la mayoría de nosotros, el principio de unidad implica cuentas de ahorros conjuntas, cuentas corrientes conjuntas, propiedades conjuntas, etc. Somos una entidad y deseamos expresar nuestra unidad en las finanzas así como en otros aspectos de la vida.

Puesto que es "nuestro" dinero, entonces "nosotros" debemos acordar cómo lo vamos a gastar. El modelo para la toma de decisiones tratado en el capítulo 6 es aplicable tanto a las decisiones financieras como a otro tipo de decisiones. Cualquier decisión financiera debe estar precedida de un examen detallado y sincero y el acuerdo debe ser la meta de toda discusión. El matrimonio se afianza cuando se concuerda en términos financieros.

Acuerden ponerse de acuerdo en las compras grandes... y un presupuesto

Un principio práctico que puede evitar muchas tragedias es el acuerdo por parte de ambos cónyuges de que ninguno de los dos hará una compra grande sin consultar al otro. El objetivo de consultarse es el de llegar a un acuerdo con respecto de la compra. El término "compra grande" debe definirse claramente con un valor en dólares. Por ejemplo, la pareja pudiera acordar que ninguno de los dos comprará nada que cueste más de 50 dólares sin llegar a un acuerdo, como descubrió la pareja citada anteriormente.

Es verdad que muchos televisores de plasma aún estuvieran en las vidrieras si las parejas siguieran este principio pero también es verdad que muchas parejas serían mucho más felices. La felicidad nace de las relaciones, no de los objetos. La unidad entre los cónyuges es más importante que cualquier compra material.

Así mismo, la pareja necesita ponerse de acuerdo en un modelo básico para los gastos. La palabra presupuesto asusta a muchas parejas pero en realidad, todas las parejas tienen un presupuesto. Un presupuesto es sencillamente un plan para manejar el dinero. Muchas parejas no tienen un presupuesto por escrito y otras tantas no tienen un presupuesto muy eficaz pero todas las parejas tienen un plan. Por tanto, la pregunta no es: "¿Debemos tener un presupuesto?", sino más bien: "¿Cómo podemos mejorar nuestro presupuesto?" "Ya tenemos un plan pero ¿podemos tener un plan mejor?"

Funcionar sobre la base de un presupuesto no tiene que ser un molesto procedimiento de contaduría donde se anote diligentemente cada centavo gastado. Más bien, un presupuesto es un plan financiero, simplemente la aplicación de la razón y la fuerza de voluntad a la administración de sus ingresos. Usted decide cómo gastará el dinero. Es mucho mejor tomar esa decisión basada en la razón en una discusión franca con su cónyuge que basada en las emociones cuando se está de pie delante del dependiente.

¡Planifique planificar!

No es objetivo de esta obra brindar una ayuda detallada acerca de cómo hacer un presupuesto porque eso puede encontrase fácilmente en otros libros. La información que aparece en Recursos le ayudará.

Mi objetivo es el de retarlo a que reconsidere su actual plan financiero (presupuesto). ¿Existe alguna manera mejor de utilizar los recursos que usted tiene? Como administrador, usted tiene la responsabilidad de averiguarlo. ¿Por qué ha de continuar haciendo las cosas de la misma forma año tras año cuando un poco de

Primero lo más importante y para los cristianos, el reino de Dios debe ser lo más importante.

tiempo y reflexión pudiera generar una mejoría? Si alguien debiera sentirse motivado a aprovechar al máximo los recursos financieros, ese es el cristiano. Como creyente, usted está bajo órdenes divinas y todo lo que usted posee le ha sido confiado por Dios a quien debe rendirle cuentas (Mt. 25:14-30). Mejorar la planificación financiera no es solo para beneficio suyo, sino también del reino de Dios (Mt. 6:33).

Al reconsiderar su plan financiero, déjeme sugerirle otras incidencias en las Escrituras. Primero lo más importante y para los cristianos, el reino de Dios debe ser lo más importante. La promesa de Mateo 6:33 es práctica. Solemos equivocar las prioridades. Ponemos la comida, la ropa, la vivienda y el placer en primer lugar y si queda algo, le hacemos una ofrenda a la iglesia. Qué diferente al modelo bíblico. Eran las "primicias" las que debía dar Israel a Dios, no las sobras. Salomón nunca fue más certero que cuando dijo: "Honra a Jehová con tus bienes, y con las primicias de todos tus frutos; y serán llenos tus graneros con abundancia, y tus lagares rebosarán de mosto" (Pr. 3:9-10). ¿Se ha preguntado alguna vez por qué el granero está vacío? ¿Será porque se ha concentrado en el granero en vez de en el reino de Dios?

Mi sugerencia es que desde el mismo comienzo del matrimonio, ajuste su presupuesto para dedicar el primer 10 por ciento de sus ingresos a una ofrenda de agradecimiento al Señor. Después de todo, el gobierno civil insiste en que el impuesto sobre la renta se saque antes de que usted reciba el cheque. Jesús no se oponía a tales impuestos pero insistía en que también debíamos darle "a Dios lo que es de Dios" (Mt. 22:17-22). En ocasiones, usted deseará dar ofrendas más allá del diezmo, pero el diezmo debe considerarse el parámetro mínimo para aquellas parejas que toman los principios bíblicos en serio.

¡Planifique ahorrar!

Otra implicación de la creación de un presupuesto según la Biblia es la de planear para el futuro. "El avisado ve el mal y se esconde; mas los simples pasan y reciben el daño" (Pr. 22:3). A lo largo de las Escrituras, el hombre sabio o la mujer sabia es quien planea de antemano para satisfacer las necesidades de su familia, negocio u otra empresa (Lc. 14:28-30). Planear de antemano implica ahorrar e invertir. Surgirán dificultades inesperadas. De eso puede estar seguro. Por lo tanto, el administrador sabio planea de antemano ahorrando. No ahorrar una parte de los ingresos constituye una mala planificación.

Juntos deberán acordar el por ciento que les gustaría ahorrar pero algo debe ahorrarse de manera sistemática. Muchos asesores financieros cristianos sugieren asignar un 10 por ciento al ahorro y las inversiones. Podrá asignar un poco más o un poco menos, pero la decisión es suya. Si usted ahorra lo que le queda después de atender otros asuntos, usted no ahorrará. ¿Por qué no se convierte usted mismo en su "acreedor número 1"? Después del diezmo, páguese a usted mismo antes de pagarle a otra persona.

La pareja que ahorra un por ciento de sus ingresos sistemáticamente no solo tendrá un fondo de reserva para las emergencias, sino que también tendrá la satisfacción de ser buenos administradores. Al contrario de lo que algunos cristianos piensan, uno no es más espiritual porque gasta todo lo que gana. (Según algunos, se supone que esto haga que las personas tengan más fe en que Dios les provea en caso de necesidad. Mi opinión es que esto es sencillamente una mala administración.) El ahorro sistemático debe ser parte de su plan financiero.

Si usted asigna un 10 por ciento a la obra del Señor y ahorra otro 10 por ciento, queda un 80 por ciento para distribuirlo entre el pago de la hipoteca (o el alquiler), la calefacción, la electricidad, el teléfono, el agua, el seguro, los muebles, la comida, los medicamentos, la ropa, el transporte, la educación, la recreación, Internet, los diarios, las revistas, los libros, los regalos, etc. La forma en que se distribuye, es decisión suya pero recuerde que usted es un administrador. Usted debe rendirle cuentas a Dios por el 100 por ciento de sus recursos. El administrador no puede darse el lujo de gastar sin pensar. ¿Cuál es el mejor uso que puede dársele a ese 80 por ciento?

La calidad varía y los precios difieren hasta para la misma calidad. Comprar sabiamente es importante. A pesar de los chistes que oímos acerca de la esposa que gasta cinco dólares en gasolina para ir a la tienda donde ahorra dos dólares, el comprador sabio puede lograr ahorros sustanciales. Comprar así exige tiempo y energías. Es trabajo e implica mucha perspicacia pero los beneficios se verán en el dinero extra que puede usarse en otras necesidades o deseos. Mi esposa y yo tenemos un procedimiento estándar cuando ella llega a casa después de un día de tiendas. Nunca le pregunto cuánto gastó, sino cuánto ahorró. Es mucho más agradable de esa manera. Dominar el arte de saber comprar, vale la pena.

Antes de terminar con el tema de la planificación de los gastos, le sugiero que incluya en sus planes algún dinero para que cada cónyuge lo utilice como desee sin tener que dar cuenta de cada centavo. No tiene que ser una suma grande pero el esposo necesita poder comprar una barrita de chocolate sin tener que pedirle un dólar a su esposa.

Compre ahora... Pague muchísimo más después

Otro asunto sumamente importante que todas las parejas deben tratar es la compra a crédito. Si yo tuviera una bandera roja, aquí es donde la enarbolaría. Los medios de difusión anuncian por todas partes: "Compre ahora, pague después". Lo que no dicen es que si compra ahora sin dinero, lo pagará muchísimo más después. Las tasas de interés de las cuentas de crédito son múltiples. Algunas son del 11, 12 o 15 por ciento pero muchas son del 18 o 21 por ciento y hasta más altas. Las parejas deben leer la letra pequeña. El crédito es un privilegio por el que hay que pagar y el costo no es el mismo en todos los planes.

Si le es necesario comprar a crédito, examine varias fuentes de crédito y decídase por la mejor opción. Generalmente, la mejor opción es un préstamo personal del banco de su localidad. El banco se dedica a prestar dinero y si usted está en condiciones de cubrir el crédito, con gusto le hará el préstamo. Si el banco no le presta el dinero, lo más probable es que no debería hacer la compra.

Para muchas personas, la tarjeta de crédito ha sido el carné de asociado de "La Sociedad de los Frustrados Financieramente". La tarjeta incita a hacer compras impulsivas y la mayoría de nosotros tenemos más impulsos de la cuenta. Mi consejo a las jóvenes parejas es que las tarjetas de crédito son mejores cuando se queman. Con un bello color azul, las llamas dicen: "No compraremos lo que no podamos pagar". Yo sé que las tarjetas de crédito son una ayuda para llevar la contabilidad y que, si los pagos se hacen puntualmente, las comisiones son mínimas. Sin embargo, la mayoría de las parejas gastan más y dilatan los pagos más si tienen tarjetas. La proliferación de las tarjetas de crédito en el mundo de los negocios evidencia este hecho.

¿Por qué usamos crédito? Porque queremos en este momento lo

que no podemos pagar ahora mismo. Al comprar una casa, esa puede ser una decisión financiera inteligente. De todas maneras tendríamos que pagar alquiler. Si escogemos bien la casa, aumenta de valor. Si tenemos el dinero para hacer el pago inicial y podemos abonar los pagos mensuales, esa es una compra inteligente. Por otro lado, la mayoría de las compras que hacemos no se revalorizan; su valor comienza a disminuir el día que hacemos la compra. Compramos antes de que podamos pagar. Pagamos el precio de compra más los intereses por el crédito, mientras que el artículo adquirido continúa depreciándose. ¿Por qué? Por el placer momentáneo que el artículo nos da. Simplemente pregunto: "¿Eso es señal de una administración responsable?"

Sé que hay ciertas "necesidades" en nuestra sociedad, pero ¿por qué la joven pareja de casados tiene que pensar que puede conseguir en el primer año de su matrimonio lo que sus padres demoraron treinta en obtener? ¿Por qué tiene que tener lo mejor y lo más grande ahora mismo? Con esa filosofía se destruye la alegría de aspiración y logro. Usted logra lo que quiere de inmediato. La alegría dura poco y luego pasa meses sufriendo tratando de pagar por ella. ¿Para qué cargar con presiones innecesarias?

Las "necesidades" en la vida son relativamente pocas. Pueden satisfacerse con sus ingresos actuales. (Si está desempleado, entonces la sociedad puede ayudarlo. Las personas más pobres en Norteamérica pueden suplir sus necesidades básicas.) No me

¿Por qué tiene que tener lo mejor y lo más grande ahora mismo?

opongo a la aspiración de tener más y mejores "cosas", si a esas cosas se les da buen uso, pero le sugiero que viva en el presente en vez de en el futuro. Deje las alegrías futuras para los logros futuros. Disfrute hoy de lo que tiene hoy.

Durante muchos años, mi esposa y yo participamos en un juego que hemos llegado a disfrutar mucho. Se llama: "Vamos a ver de cuántas cosas podemos prescindir que los demás piensan les son indispensables". Todo comenzó por necesidad cuando estábamos haciendo un curso de posgrado pero nos hemos acostumbrado y hemos seguido jugándolo.

El juego funciona de la siguiente manera: El viernes o el sábado por la noche vaya a alguna tienda, recórrala y observe todo lo que llame la atención. Lea lo que dicen las etiquetas, comente sobre lo fascinante que es cada uno de los artículos y luego mírense y digan: "¡Qué maravilloso es que no tengamos que tener eso!" Entonces, mientras los demás salen llenos de paquetes y con sus firmas en los recibos, ustedes salen tomados de la mano, emocionados de saber que no necesitan tener "cosas" para ser felices. Les recomiendo sinceramente este juego a todas las jóvenes parejas de casados.

Déjenme aclarar un asunto. No estoy sugiriendo que nunca compren nada a crédito. Lo que yo sugiero es que las compras a crédito deben estar precedidas de la oración, el debate y si fuere necesario, el consejo de un asesor financiero de confianza. Muchas parejas cristianas que hoy se encuentran sometidas a una esclavitud financiera estarían hoy caminado las calles como hombres y mujeres libres si hubieran seguido esos paso. Yo no pienso que la voluntad de Dios sea que sus hijos sean esclavos. Muchas personas en nuestros días son esclavos de las finanzas debido a la realización de compras a crédito poco prudentes.

Estire su presupuesto siendo creativo

Otra implicación práctica de la verdad bíblica con respecto de las cuestiones financieras tiene que ver con nuestras capacidades creativas. Los seres humanos somos creativos por instinto. Los museos de arte e industria del mundo entero son testigos mudos aunque visuales de esta creatividad. Somos hechos a imagen de un Dios que crea y nosotros que llevamos su imagen tenemos una capacidad creativa inmensa. La pareja cristiana que canalice esta creatividad hacia las necesidades financieras tendrá importantes ventajas. Coser, renovar muebles usados, reciclar lo que otros desechan y así sucesivamente, hacen maravillas para el presupuesto. El uso de las capacidades creativas especiales también nos puede llevar a producir artículos que podemos comercializar y quizá significar una fuente de ingresos adicional.

Hace unos años, me llevé a algunos alumnos universitarios a Chiapas, estado del extremo sur de México, de visita al campamento en la selva del Instituto Lingüístico de Verano. Aquí vimos a misioneros adiestrándose en la técnica de vivir en un medio ambiente tropical. Aprendían a construir viviendas, hornos, sillas, camas y todo eso de materiales que podían conseguir en la selva. Muchas veces he reflexionado acerca de aquella experiencia. Si esa misma creatividad la usara la típica pareja cristiana, ¿qué no pudiera lograrse? No estoy proponiendo que usted construya su casa, lo que estoy proponiendo es que le dé buen uso a su creatividad, para usted y para los demás.

El equipo financiero

Y ahora la pregunta: "¿Quién llevará la contabilidad?" No creo que esto siempre tenga que ser tarea del esposo. No encuentro en la Biblia sustento para tal conclusión. Sin embargo, sí creo que la pareja debe decidir terminantemente quién hará los cheques (o pagará las cuentas y hará operaciones bancarias en línea), hará el cuadre de la chequera y velará por que los fondos se usen según el plan acordado entre ambos. Puede ser el esposo o la esposa. Como ustedes son un equipo, ¿por qué no usar al más idóneo para esa tarea? En la medida en que la pareja analiza aspectos financieros, usualmente resulta evidente cuál de los dos es el más diestro en la materia.

Eso no significa que el escogido para llevar la contabilidad sea el responsable de tomar las decisiones financieras. Las decisiones deben tomarse en equipo. El tenedor de libros no tiene necesariamente que serlo toda la vida. Por una razón u otra, puede que al cabo de los seis meses coincidan en que sería más sensato que el otro cónyuge sea el tenedor de libros. El matrimonio es de ustedes y ustedes son los responsables de aprovechar los recursos a su disposición al máximo.

No obstante, asegúrense que el que no lleva la contabilidad sepa hacerlo y tenga pleno conocimiento acerca de las diferentes cuentas corrientes y de ahorro. Esto es saber administrar inteligentemente en vista de que uno de los dos probablemente morirá primero que el otro. Ser un administrador cristiano exige ser realista.

A modo de conclusión

Si usted no olvida que ustedes forman un equipo y por lo tanto trabajan en equipo, siguiendo las pautas bíblicas tratadas en este capítulo, buscando ayuda práctica cuando sea necesario y acordando decisiones financieras, descubrirá que el dinero es su sirviente fiel. Sin embargo, si usted ignora los principios bíblicos y "hace las cosas a lo que salga", pronto se encontrará envuelto en la misma crisis financiera que se ha convertido en un estilo de vida de miles de matrimonios cristianos. Si usted actualmente está sufriendo esa crisis, es hora de cambiar radicalmente, hoy mismo. Existe una salida. Si usted no puede pensar con claridad a fin de resolver el problema, entonces, por favor, busque asesoría del banco de su localidad o de un amigo cristiano que domine las cuestiones financieras. No siga permitiendo que las finanzas impidan su marcha con Dios, úselas como un medio para lograr un fin, para servir y mejorar su vida con Él.

El hecho de que constituyan un equipo financiero unido no garantiza, por supuesto, que tendrán el matrimonio que siempre quisieron tener. No obstante, constituye un elemento importante en un matrimonio saludable. Después de todo, la unión y la unidad, con Dios y con el cónyuge, caracterizan a un matrimonio de propósitos y realización. Busque esa unidad en la comunicación, la toma de decisiones, la expresión sexual, las finanzas y las tareas diarias en su relación y pronto verá que tiene el matrimonio que siempre quiso tener.

EL AMOR Y EL DINERO

AHORA LE CORRESPONDE A USTED

1. *Evalúe su posición financiera. Durante un mes, lleve registros detallados de cómo usted gasta su dinero. Al final del mes, haga una relación por categoría y cantidades invertidas en cada artículo. A esa lista, añádale la porción anual de cualquier pago semestral o anual que usted deba hacer, como, por ejemplo, el seguro por el automóvil. Esto le dará una idea realista de los gastos en comparación con los ingresos (tenga en cuenta los imprevistos).*

2. *¿Da usted al menos el 10 por ciento de sus ingresos a la obra del Señor? ¿Está de acuerdo en que debe hacerlo?*

3. *¿Separa usted al menos un 10 por ciento de los ingresos para algún tipo de plan de ahorros o de inversiones? ¿Está de acuerdo en que debe hacerlo?*

4. *Elabore un plan mensual en el que el primer 10 por ciento de los ingresos sea para el Señor, el segundo 10 por ciento para usted (ahorros) y divida el restante 80 por ciento entre los demás gastos. (Si tiene muchas deudas, pudiera tener que prorrogar algunas de ellas o sacar un nuevo préstamo con el banco a fin de cubrir las deudas existentes y fijar pagos mensuales de sumas más pequeñas.)*

5. *Converse el asunto más arriba con su cónyuge y trate de llegar a un acuerdo para seguir el plan. Si no puede elaborar un plan de ese tipo usted solo, busque la ayuda de un planificador financiero cristiano.*

6. *Converse con su cónyuge acerca de la función de las tarjetas de crédito en su plan financiero. Trate de llegar a un acuerdo en cuanto a su función.*

7. *¿Podrán ponerse de acuerdo en cuanto a que ninguno de los dos hará una compra importante sin consultar al otro? Acuerden el valor monetario de un "compra importante" (por ejemplo, 50 dólares).*

8. *¿Se siente usted financieramente libre? De no ser así, ¿qué hará usted para cambiar esa situación? Convérselo con su cónyuge y tome medidas inmediatamente.*

Epílogo

NUNCA HE CONOCIDO a una pareja que se haya casado con la intención de amargarse la vida uno al otro. La mayoría de las personas desean tener un cónyuge amoroso, compresivo y que brinde apoyo. Estoy convencido de que la forma más rápida de tener un cónyuge así es convirtiéndose en un cónyuge amoroso, compresivo y que brinda apoyo.

Si su cónyuge lee estos capítulos con usted y hace y analiza los ejercicios, creo que se encontrarán descubriendo el matrimonio que siempre desearon. Si su esposo no desea hacerlo, entonces espero que de todas maneras usted aplique estos conceptos a su propia vida. Trate de desarrollar una actitud positiva expresada en palabras y acciones bondadosas. A medida que permita que Dios trabaje en su corazón, usted puede convertirse en un instrumento de influencia positiva sobre su cónyuge.

El perfeccionamiento conyugal exige tiempo y esfuerzo pero comienza dando el primer paso. Espero que este libro lo ayude a tomar ese paso. Si el libro le resulta de utilidad, desearía que le hablara del mismo a sus amigos que también tienen sueños de tener un matrimonio feliz. Aunque no tengo tiempo de responder personalmente todas las consultas, me gustaría saber cómo ha progresado en su búsqueda del matrimonio que siempre han deseado en www.garychapman.org.

Notas

Introducción

1. Grupo Barna, "Born Again Christians Just As Likely to Divorce as Are Non-Christians" [Los cristianos convertidos tienen tantas probabilidades de divorciarse como los no cristianos], 8 de septiembre de 2004, *The Barna Update*, http://www.barna.org/FlexPage.aspx.

Capítulo 4: "¡Escúchame!"

1. James Dobson, *The New Hide and Seek* [El nuevo juego] (Grand Rapids: Revell, 1999), 195.
2. *Ibíd.*, 17–53.
3. *Ibíd.*, 196.

Capítulo 7: "¿Quiere decir que el sexo requiere esfuerzo?"

1. Lawrence K. Altman, "Study Finds That Teenage Virginity Pledges Are Rarely Kept" [Investigación revela que las promesas de virginidad en la adolescencia pocas veces se cumplen], *New York Times*, 10 de marzo de 2004, A20; citado en Ronald J. Sider, "The Scandal of the Evangelical Conscience" [El escándalo de la conciencia evangélica], *Books and Culture*, enero-febrero de 2005, 39; http://www.christianitytoday.com/bc/2005/001/3.8.html.

2. Grupo Barna, "Born Again Adults Less Likely to Co-Habit, Just As Likely to Divorce" [Los cristianos convertidos tienen menos probabilidades de vivir juntos como tantas probabilidades de divorciarse], 6 de agosto de 2001, *The Barna Update*, http://www.barna.org/FlexPage.aspx; según se cita en Sider, "The Scandal", 39.

3. John C. Green, "Religion and Politics in the 1990s: Confrontations and Coalitions" [Religión y política en la década de los 90: Confrontaciones y coaliciones], en *Religion and American Politics: The 2000 Election in Context*, ed. Mark Silk (Center for the Study of Religion in Public Life, Trinity College, Hartford, 2000), 26; según se cita en Sider, "The Scandal", 39.

4. Vea William G. Axinn y Arland Thorton, "The Relationship Between Cohabitation and Divorce: Selectivity or casual influence?" [La relación entre convivencia y divorcio: ¿Selectividad o influencia fortuita?], *Demography* 29 (1992): 357–74; y Zheng Wu, "Premarital Cohabitation and Postmarital Cohabiting Union Formation" [Convivencia prematrimonial y formación de una unión de convivencia posmatrimonial], *Journal of Family Issues* 16 (1995): 212–32.

Recursos

A CONTINUACIÓN ENCONTRARÁ algunas sugerencias de libros publicados por Editorial Portavoz que le ayudarán en temas como:

Presupuesto y finanzas

MacArthur, John. *¿A quién pertenece el dinero?* Una franca mirada al asunto de manejar el dinero de una manera cristiana. Considera la instantánea gratificación, la caridad, el éxito y otros temas importantes acerca de la fe y las finanzas.

Burkett, Larry, editado y actualizado por Andrés G. Panasiuk. *Cómo manejar su dinero.* Un estudio práctico para ayudar al creyente a entender la actitud de Dios hacia el dinero.

Burkett, Larry. *La familia y sus finanzas.* Un estudio de las finanzas desde un punto de vista cristiano.

Conflicto y comunicación

Fasold, Jaime. *Tu media naranja.* Un estupendo libro para jóvenes que buscan su pareja y para matrimonios que desean continuar desarrollando su amor.

Bolet, Silvia. *¿Casada o cazada?* Muchas mujeres enfrentan el matrimonio sin estar preparadas para la vida como esposas. La autora presenta una mirada amena acerca de lo que significa ser una esposa según la Palabra de Dios. Da respuestas a preguntas muy comunes y considera una variedad de temas como el valor de la mujer.

Mack, Wayne. *Fortaleciendo el matrimonio*. Información práctica referente al matrimonio que incluye temas como la comunicación, las finanzas, el sexo, la educación de los hijos y la vida cristiana en familia.

Handford, Elizabeth Rice. *¿Yo, obedecer a mi marido?* Traba bíblicamente lo que significa ser una esposa obediente y el camino de Dios para la felicidad y la bendición en el hogar.

Intimidad sexual

De Ferrieres, J. C. *Más puro que el diamante*. Principios bíblicos para ayudar a los jóvenes a comportarse de una manera pura que conduzca a un matrimonio feliz.

Cutrer, W. y Glahn, S. *Intimidad sexual en el matrimonio*. Un libro franco acerca de las relaciones íntimas en la pareja. Escrito por un médico ginecólogo cristiano.

Matrimonio

George, Elizabeth. *Una esposa conforme al corazón de Dios*. La autora explica el secreto de la felicidad conyugal y proporciona valiosas ideas en importantes aspectos del matrimonio.

George, Jim. *Un esposo conforme al corazón de Dios*. El autor trata acerca de doce áreas de la vida del esposo, proporcionando aplicaciones prácticas para que un esposo sea conforme al corazón de Dios.

Wright, H. Norman. *Después de la boda, meditaciones para parejas*. Las devociones incluidas en este libro inspiran a las parejas a celebrar su matrimonio, enriquecer la comunicación y experimentar la verdadera intimidad.

Notas

Notas

Notas

Notas

Notas

Notas

Notas

El enojo

Reconocido autor y experto en relaciones humanas, el Dr. Gary Chapman nos ofrece útiles —y a veces sorprendentes— perspectivas de por qué usted se enoja, qué puede hacer al respecto y cómo usarlo de una manera constructiva. Incluye una guía de 13 sesiones para fomentar el debate, perfecta para grupos pequeños.

ISBN: 978-0-8254-1193-9

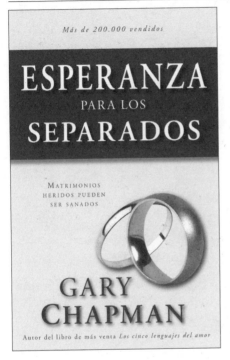

Esperanza para los separados

Matrimonios heridos pueden ser sanados. La separación no es necesariamente el comienzo del fin de una pareja. El consejero de matrimonios Gary Chapman cree que el ideal bíblico para una pareja separada es la reconciliación y muestra cómo dar los pasos para alcanzarla. La restauración de un matrimonio no ocurre para todos. El doctor Chapman reconoce esto y también tiene sugerencias para los que están sufriendo el dolor de un divorcio.

ISBN: 978-0-8254-1155-7

Distintos por diseño
John MacArthur

Descubra la belleza, el balance y los beneficios de las fronteras bíblicas diseñadas por Dios entre hombres y mujeres.
ISBN: 0-8254-1512-8 / 264 páginas / rústica

Cómo encontrar su pareja perfecta
H. Norman Wright

¿Cómo saber si está enamorado? ¿Dónde puede encontrar su pareja para toda la vida?

Este libro ofrece pautas prácticas desarrolladas por el autor, un reconocido consejero y experto en relaciones matrimoniales. Tiene las respuestas bíblicas para ayudarle a tomar una de las decisiones más importantes de la vida: Con quién casarse. Le ayudará a elegir según la Palabra de Dios para que pueda tener el matrimonio que ha anhelado.

ISBN: 0-8254-1891-7 / 264 páginas / rústica

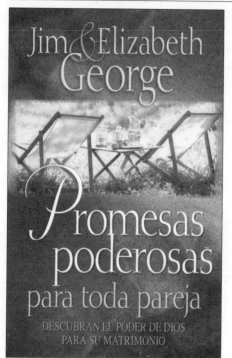

Promesas poderosas para toda pareja
Jim y Elizabeth George

Los autores de más venta, Jim y Elizabeth George, exploran veinte y cuatro promesas que provienen de Dios. En ciertas secciones del libro, escritas especialmente para "él" y "ella", los autores ofrecen aplicaciones muy prácticas y a la vez rápidas para poner la verdad de Dios a trabajar en el matrimonio.

ISBN: 0-8254-1288-9 / 288 páginas / rústica